새로운 피조물
고백기도집

최순애 지음

믿음의말씀사

목차

효과적으로 활용하는 법 _ 4

Part Ⅰ 새로운 피조물의 고백기도

사도 바울의 기도로 기도하기 _ 12

나는 새로운 피조물입니다 _ 15

나는 그리스도 안에 있는 내가 누구인지 압니다 _ 19

나는 그리스도인인 내가 무엇을 가지고 있는지 압니다 _ 37

나는 상황을 바꾸며 항상 승리하는 자입니다 _ 59

나는 내 인생의 선지자입니다 _ 64

내 안에 계신 그리스도 _ 67

영으로 기능하는 고백기도 _ 70

Part Ⅱ 주제별 고백기도

치유 고백기도 _ 78

재정적 부요를 위한 고백기도 _ 82

승리하는 가정을 위한 고백기도 _ 88

영혼구원을 위한 고백기도 _ 96

평안의 고백기도 _ 99

지혜와 인도함을 구하는 고백기도 _ 102

어려움을 만날 때 승리의 고백기도 _ 105

두려움을 이기는 고백기도 _ 109

하루를 시작하는 고백기도 _ 115

Part Ⅲ 부록

믿음의 반석 고백기도 _ 122

시편 고백기도 _ 142

로마서 8장 고백기도   148

이사야 60장 고백기도 _ 154

Part Ⅳ 고백기도의 원리 이해 _ 159

효과적으로 활용하는 법

할렐루야! 우리가 모든 상황을 다스리며 승리하는 삶을 살 수 있도록, 모든 것을 이루시고 우리에게 그 권세와 능력을 주신 우리 주 예수 그리스도를 찬양합니다.

예수 그리스도를 주님으로 모시고 하나님 아버지의 자녀로서 성령님과 함께 동역하며 살아가는 믿음의 삶은 진실로 놀라운 삶입니다.

복음을 받아들이고 새 생명으로 거듭나는 순간 우리의 영은 새 사람이 되었습니다. 그러나 혼의 영역에 속한 우리의 지성과 감정과 의지는 아직 새로워지지 않았으므로, 이를 하나님의 말씀으로 새롭게 하고, 또한 말씀을 따라 믿음으로 기능함으로써 우리의 거듭난 속사람을 훈련해야만, 우리는 점차 영적으로 성장하고 새 생명 안에서 온전하게 왕 노릇하고 다스리는 삶을 살 수 있습니다.

방언기도, 말씀묵상(고백기도)과 하나님의 말씀을 최고의 위치에 놓는 태도, 그리고 거듭난 영의 음성에 즉시 순종하는 훈련은 우리로 하여금 거듭난 영을 계발하고 영으로 기능하며 모든 상황을 다스리며 살아갈 수 있게 하는 지름길입니다.

수십 년간 사역을 하며 말씀을 많이 아는 분들도 자신의 입으로 믿고 있는 말씀을 고백하지 않는 경우 그의 삶에 긍정적인 변화가 매우 느리고 미약하게 나타나는 것을 봅니다. 반면 아무리 심한 정신 문제가 있는 사람일지라도 말씀을 진리로 받아들이고 그것을 반복적으로 고백하면 소망 없던 상황에서 온전히 회복되어 하나님 나라의 대사로 세워지는 것을 볼 수 있었습니다.

말씀 고백은 단지 겉으로 보이는 방법이 전부가 아닙니다. 이는 예수님께서 영적인 영역에 이미 다 이루어 놓으신 일들을 자연적인 영역에 실제로 나타나게 만드는 영적 원리이며, 새로운 피조물로 거듭난 그리스도인들만이 가지고 있는 능력이자 특권입니다.

이제 『새로운 피조물 고백기도집』을 효과적으로 활용하기 위해 필요한 몇 가지를 말씀드리겠습니다.

- 고백은 강하고 담대한 심령으로 하십시오. '나는 이 환경이나 상황에 대해 할 수 있는 일이 아무것도 없어, 하나님의 긍휼밖에는 소망이 없어.'라는 식의 태도는 구약식의 태도로서, 이는 예수님과 함께한 공동상속자이자 왕으로 다스리는 자의 태도가 아닙니다. 하나님께서 여호수아에게 "말씀을 네 입에서 떠나지 말게 하고 그것들을 다 지켜 행하라"고 말씀하시기에 앞서, "너는 강하고 담대하라"고 말씀하신 것을 기억하십시오. 마치 다윗이 골리앗과 대결하러 나갈 때 가지고 있었던 것과 같은 심령의 강건함을 유지하십시오.

- 거듭난 내가 '그리스도 안에서 누구이며, 무엇을 가지고 있고, 무엇을 할 수 있는지'에 대해서 성경이 말하는 바, 즉 새로운 피조물로서의 자신을 인식하며 고백합니다.

- 고백할 때는 단지 입으로만 하는 것이 아니라, 최대한 마음을 담고 감정까지 실어 큰 소리로 고백하는 것이 좋습니다.

- 감동이 되는 구절이나 지금 나에게 중요하다고 생각되는 구절은 여러 번 힘주어 반복하되, 방언기도와 함께 섞어서 하면서 내 영에서부터 기름부음이 흘러넘치게 하면 더욱 좋습니다.

- 고백하기 전에 담대한 태도를 세우고 싶다면, "나는 상황을 바꾸는 자입니다", "나는 내 인생의 선지자입니다", "내 안에 계신 그리스도"를 먼저 고백합니다.

- 항상 먼저 "새로운 피조물의 고백기도"를 고백한 후에, "주제별 고백기도"에서 각자 당면한 문제에 해당되는 기도문을 택하여 고백합니다.

- 고백 중간에 하나님을 찬양하는 경배나 감사나 방언 기도는 언제나 해도 좋습니다. 모든 고백이 추구하는 것은 말씀을 따라 역사하시는 성령님의 역사입니다.

믿음을 실어 말씀을 고백할 때 먼저 우리 영 안에 계시를 받아 깨닫고 믿어지게 되고, 그렇게 되면 애쓰고 힘쓰지 않아도 고백한 말씀들이 우리 안에서 능력이 되어 그대로 이루어지는 것을 발견하게 될 것입니다. 그러면 상황이 바뀌거나, 상황을 바꿀 수 있는 지혜도 따라올 것입니다. 말씀을 들여다볼수록 그 영광이 우리 안에서 역사하기 때문입니다.

우리가 다 수건을 벗은 얼굴로 거울을 보는 것 같이

주의 영광을 보매 그와 같은 형상으로 변화하여 영광에서 영광에 이르니 곧 주의 영으로 말미암음이니라

고후 3:18

하나님께서는 영적 영역에 이미 모든 선한 것들을 예비하셨고, 우리에게 그것을 이 땅에 실행할 권세와 책임을 주셨습니다.

우리는 각자 삶의 모든 상황들을 다스리고, 점점 증가되어가는 영향력으로 영혼을 구원하며 하나님 왕국을 확장하는 하나님 나라의 군사들입니다. 할렐루야!

하나님의 뜻을 이 땅에 이루어가는 거대한 군대의 행진을 바라보며…

2011년 6월 1일
최 순 애

Part I

새로운 피조물의 고백기도

"이로써 네 믿음의 교제가
우리 가운데 있는 선을 알게 하고
그리스도께 이르도록 역사하느니라"

몬 1:6

Part I 새로운 피조물의 고백기도

사도 바울의 기도로 기도하기

계시기도

 나의 주 예수 그리스도의 하나님, 영광의 아버지께서 지혜와 계시의 영을 나에게 주사 하나님을 알게 하시고 내 마음의 눈을 밝히사 하나님의 부르심의 소망이 무엇이며 성도 안에서 하나님의 기업의 영광의 풍성함이 무엇이며 하나님의 힘의 위력으로 역사하심을 따라 믿는 나에게 베푸신 능력의 지극히 크심이 어떠한 것을 나로 알게 하시기를 기도합니다.

엡 1:17-19

능력기도

하나님의 영광의 풍성함을 따라 하나님의 성령으로 말미암아 나의 속사람을 능력으로 강건하게 하시오며 믿음으로 말미암아 그리스도께서 나의 마음에 계시게 하시옵고 내가 사랑 가운데서 뿌리가 박히고 터가 굳어져서 능히 모든 성도와 함께 지식에 넘치는 그리스도의 사랑을 알고 그 너비와 길이와 높이와 깊이가 어떠함을 깨달아 하나님의 모든 충만하신 것으로 나를 충만하게 하시기를 기도합니다.

엡 3:16-19

열매기도

나로 하여금 모든 신령한 지혜와 총명에 하나님의 뜻을 아는 것으로 채우게 하시고 주께 합당하게 행하여 범사에 기쁘시게 하고 모든 선한 일에 열매를 맺게 하시며 하나님을 아는 것에 자라게 하시고 그 영광의 힘을 따라 모든 능력으로 능하게 하시며 기쁨으로 모든 견딤과 오래 참음에 이르게 하시고 나로 하여금 빛 가운데서 성도의 기업의 부분을 얻기에 합당하게 하신 아버지께 감사를 드립니다.

골 1:9-12

복음 사업가의 기도

나의 사랑이 지식과 모든 통찰력으로 더욱 더 풍성해져서, 내게 가장 좋은 것이 무엇인지 분별할 수 있게 되기를 원합니다. 그리하여 내가 그리스도의 날까지 순결하고 흠이 없이 지내며, 예수 그리스도께서 주시는 의의 열매로 가득 차서 하나님께 영광과 찬양을 드리게 되기를 기도합니다.

빌 1:9-11

Part Ⅰ 새로운 피조물의 고백기도

나는 새로운 피조물입니다

그런즉 누구든지 그리스도 안에 있으면 새로운 피조물이라 이전 것은 지나갔으니 보라 새 것이 되었도다

고후 5:17

너희가 거듭난 것은 썩어질 씨로 된 것이 아니요 썩지 아니할 씨로 된 것이니 살아 있고 항상 있는 하나님의 말씀으로 되었느니라

벧전 1:23

그가 그 피조물 중에 우리로 한 첫 열매가 되게 하시려고 자기의 뜻을 따라 진리의 말씀으로 우리를 낳으셨느니라

약 1:18

내가 그리스도와 함께 십자가에 못 박혔나니 그런즉

이제는 내가 사는 것이 아니요 오직 내 안에 그리스도 께서 사시는 것이라 이제 내가 육체 가운데 사는 것 은 나를 사랑하사 나를 위하여 자기 자신을 버리신 하나님의 아들을 믿는 믿음 안에서 사는 것이라

갈 2:20

너희가 다 믿음으로 말미암아 그리스도 예수 안에서 하나님의 아들이 되었으니 누구든지 그리스도와 합하기 위하여 침례를 받은 자는 그리스도로 옷 입었 느니라

갈 3:26-27

그가 우리를 흑암의 권세에서 건져내사 그의 사랑의 아들의 나라로 옮기셨으니

골 1:13

한 사람의 범죄로 말미암아 사망이 그 한 사람을 통하여 왕 노릇 하였은즉 더욱 은혜와 의의 선물을 넘치게 받는 자들은 한 분 예수 그리스도를 통하여 생명 안에서 왕 노릇 하리로다

롬 5:17

그러므로 우리가 낙심하지 아니하노니 우리의 겉사람은 낡아지나 우리의 속사람은 날로 새로워지도다

고후 4:16

  나는 예수님을 영접함으로 하늘나라로부터 거듭났습니다. 예수님께서 나를 흑암의 나라에서 건져내셔서 사랑의 아들의 나라로 옮기셨습니다. 나의 옛 사람은 그리스도와 함께 못 박혔고 나는 그리스도와 함께 새롭게 태어나 그리스도 예수 안에서 함께 하늘에 앉았습니다. 예수님의 권세는 바로 내 권세입니다.

  이제는 내가 사는 것이 아니요 내 안에 계신 그리스도로 말미암아 나는 새 사람으로 살아갑니다. 나는 새로운 피조물이 되었습니다. 조금 변화된 것이 아니라 새로운 피조물이 되어 영적인 영역, 말씀의 영역에서 새로운 피조물로 기능합니다.

  새 사람인 나는 그리스도의 본성을 가지고 있습니다. 그리스도의 사랑을 가지고 있습니다. 그리스도의 능력을 가지고 있습니다. 이 새로운 본성은 성경말씀

대로 생각하고, 말하고, 행동함으로 풀어 놓을 때 상황을 바꾸는 능력이 있습니다.

나는 이제 이 세상의 환경이나 사건들을 바라보며 실망하지 않고, 하나님의 말씀의 법칙대로 생각하고 말하고 살아가면서 예수 그리스도로 말미암아 생명 안에서 왕 노릇합니다. 나는 낙심하지 않습니다. 겉 사람은 낡아지나 속 사람은 날로 새로워져 영광에서 영광으로, 능력 위에 능력으로 변화되어 가고 있기 때문입니다.

나는 하나님의 생명과 본성으로 거듭난 새로운 피조물입니다.

Part I   새로운 피조물의 고백기도

나는 그리스도 안에 있는 내가 누구인지 압니다

내가 세상에 속하지 아니함 같이 그들도 세상에 속하지 아니하였사옵나이다 그들을 진리로 거룩하게 하옵소서 아버지의 말씀은 진리니이다 아버지께서 나를 세상에 보내신 것 같이 나도 그들을 세상에 보내었고

요 17:16-18

그러나 너희가 이른 곳은 시온 산과 살아 계신 하나님의 도성인 하늘의 예루살렘과 천만 천사와 하늘에 기록된 장자들의 모임과 교회와 만민의 심판자이신 하나님과 및 온전하게 된 의인의 영들과 새 언약의 중보자이신 예수와 및 아벨의 피보다 더 나은 것을 말하는 뿌린 피니라

히 12:22-24

그러나 이 모든 일에 우리를 사랑하시는 이로 말미암아
우리가 넉넉히 이기느니라 롬 8:37

그러나 너희는 택하신 족속이요 왕 같은 제사장들이요
거룩한 나라요 그의 소유가 된 백성이니 이는 너희를
어두운 데서 불러내어 그의 기이한 빛에 들어가게
하신 이의 아름다운 덕을 선포하게 하려 하심이라

벧전 2:9

나는 그리스도 안에 있는 내가 누구인지 압니다.
나는 하나님의 자녀입니다.
나는 이 땅에 살지만 이 땅에 속한 자가 아닙니다.
나는 시온의 백성입니다.
그러므로 나는 시온의 법, 즉 영적인 원리로 살아갑니다. 요 17:16, 히 12:22
나는 위로부터 온 자입니다.
나는 믿음으로 초자연적으로 살아갑니다.
이 땅의 어떤 환경도 나를 피해자로 만들 수 없습니다.

나는 이 세상을 이기고 초자연적으로 세상을 다스리며 살아가는 정복자보다도 더 큰 자입니다. 롬 8:37

예수님, 감사합니다. 나는 내가 누구인지 압니다.

그리스도 안에서 나는 새로운 피조물입니다. 고후 5:17

나는 하나님의 생명으로, 예수님과 같은 생명으로 살아갑니다. 요일 4:17

하나님 아버지께서 그리스도의 십자가로 말미암아 생명과 경건에 속한 모든 것을 하나님의 능력으로 내게 주셨습니다. 벧후 1:3

내가 어느 곳을 밟든지 그 약속의 말씀들은 이미 보장된 것입니다. 수 1:3

1. 그리스도인인 나는 영생을 가지고 있습니다

하나님이 세상을 이처럼 사랑하사 독생자를 주셨으니 이는 그를 믿는 자마다 멸망하지 않고 영생을 얻게 하려 하심이라 요 3:16

그 안에 생명이 있었으니 이 생명은 사람들의 빛이라
요 1:4

오직 이것을 기록함은 너희로 예수께서 하나님의 아들 그리스도이심을 믿게 하려 함이요 또 너희로 믿고 그 이름을 힘입어 생명을 얻게 하려 함이니라
요 20:31

증거는 이것이니 하나님이 우리에게 영생을 주신 것과 이 생명이 그의 아들 안에 있는 그것이니라 아들이 있는 자에게는 생명이 있고 하나님의 아들이 없는 자에게는 생명이 없느니라 요일 5:11

나는 영생을 가진 자입니다. 영생은 하나님의 생명ZOE, God-kind of life이며, 내가 예수님을 영접할 때 이 영생은 내 안에 주어졌습니다.

이 조에 생명은 내 영에 가득합니다. 이 조에 생명은 내 혼에 가득합니다. 이 조에 생명은 내 육체에 가득합니다.

이 조에 생명은 생명을 주는 영life-giving spirit입니다. 그러므로 어떤 질병도 내 몸에 머무를 수 없습니다. 모든 연약함과 질병은 견디지 못하고 떠나갑니다.

내가 마음에 들지 않는 환경을 만나면 나는 믿음으로 선언함으로 상황을 변화시킵니다. 내가 조에 생명 안에서 믿음으로 선언하면 상황은 변화될 수밖에 없습니다.

2. 그리스도인인 나는 사탄을 정복했습니다

자녀들은 혈과 육에 속하였으매 그도 또한 같은 모양으로 혈과 육을 함께 지니심은 죽음을 통하여 죽음의 세력을 잡은 자 곧 마귀를 멸하시며 또 죽기를 무서워하므로 한평생 매여 종 노릇 하는 모든 자들을 놓아주려 하심이니 히 2:14-15

우리를 거스르고 불리하게 하는 법조문으로 쓴 증서를 지우시고 제하여 버리사 십자가에 못 박으시고 통치자들과 권세들을 무력화하여 드러내어 구경거리로 삼으시고 십자가로 그들을 이기셨느니라 골 2:14-15

자녀들아 너희는 하나님께 속하였고 또 그들을 이기었나니 이는 너희 안에 계신 이가 세상에 있는 자보다 크심이라 요일 4:4

또 우리 형제들이 어린 양의 피와 자기들이 증언하는

말씀으로써 그를 이겼으니 그들은 죽기까지 자기들의
생명을 아끼지 아니하였도다 　　　　　　　계 12:11

  나는 그리스도 안에 있으므로 마귀를 이긴 자입니다. 나는 마귀를 두려워하지 않습니다. 마귀는 내게 상관할 것이 없는 자입니다. 그러므로 나는 항상 승리합니다. 이는 내 안에 계신 이가 세상에 있는 자보다 크시기 때문입니다.

3. 그리스도인인 나는 믿음을 가지고 있습니다

마땅히 생각할 그 이상의 생각을 품지 말고 오직 하나님께서 각 사람에게 나누어 주신 믿음의 분량대로 지혜롭게 생각하라 롬 12:3

이는 우리가 믿음으로 행하고 보는 것으로 행하지 아니함이로라 고후 5:7

 나는 믿음을 가지고 있습니다. 그 믿음은 내가 거듭날 때 주어졌고, 산을 움직이는 능력이 있습니다.
 나는 보는 것으로 행하지 않고 믿음으로 행합니다. 나는 믿음의 영역에서 생각하고 말하고 행하므로 항상 승리합니다. 나는 말씀을 들음으로 믿음을 증가시키고, 믿음을 행하므로 내 믿음은 점점 강해집니다. 나는 믿음으로 세상을 이깁니다.

4. 그리스도인인 나는 하나님의 의로 의롭게 되었습니다

너희는 하나님으로부터 나서 그리스도 예수 안에 있고 예수는 하나님으로부터 나와서 우리에게 지혜와 의로움과 거룩함과 구원함이 되셨으니 고전 1:30

그리스도 예수 안에 있는 속량으로 말미암아 하나님의 은혜로 값없이 의롭다 하심을 얻은 자 되었느니라

롬 3:24

예수는 우리가 범죄한 것 때문에 내줌이 되고 또한 우리를 의롭다 하시기 위하여 살아나셨느니라 그러므로 우리가 믿음으로 의롭다 하심을 받았으니 우리 주 예수 그리스도로 말미암아 하나님과 화평을 누리사

롬 4:25-5:1

하나님이 죄를 알지도 못하신 이를 우리를 대신하여

죄로 삼으신 것은 우리로 하여금 그 안에서 하나님의 의가 되게 하려 하심이라 고후 5:21

  나는 의인입니다. 그리스도께서 나의 의가 되셨으므로 나는 의인이 되었습니다. 나는 믿음에 의한 새로운 탄생으로 의인으로 다시 태어났습니다. 의는 나의 본성입니다.
  나의 행동과 상관없이 나는 언제나 아무 정죄감이나 열등감 없이 하나님의 임재 앞에 설 수 있습니다.
  내 영에는 언제나 하나님의 뜻대로 행동할 수 있는 능력이 있습니다. 나는 언제나 담대합니다. 의인인 내가 하는 기도는 언제나 역사합니다. 그러므로 나는 언제나 기도응답을 받습니다.

5. 그리스도인인 내게는 모든 것을 탁월하게 할 수 있는 은혜가 있습니다

우리 각 사람에게 그리스도의 선물의 분량대로 은혜를 주셨나니   엡 4:7

내게 능력 주시는 자 안에서 내가 모든 것을 할 수 있느니라   빌 4:13

우리가 알거니와 하나님을 사랑하는 자 곧 그의 뜻대로 부르심을 입은 자들에게는 모든 것이 합력하여 선을 이루느니라   롬 8:28

너희는 주께 받은 바 기름 부음이 너희 안에 거하나니 아무도 너희를 가르칠 필요가 없고 오직 그의 기름 부음이 모든 것을 너희에게 가르치며 또 참되고 거짓이 없으니 너희를 가르치신 그대로 주 안에 거하라   요일 2:27

그는 뛰어난 영과 지식과 분별력을 가져서 꿈을 풀고 숨겨진 비밀을 밝히고 어려운 문제를 해결하는 능력이 있었습니다
단 5:12, 우리말

　내게는 내 영으로부터 흘러나오는 은혜가 있으므로, 나의 삶에는 언제나 은혜로부터 나오는 아름다움과 호의와 매력과 품위가 있습니다. 그 은혜 때문에 나는 언제나 사람들의 호의를 받습니다. 나는 윗사람들의 호의를 받고 동료, 친구들의 호의를 받으며 아랫사람들의 호의를 받습니다.
　그 은혜는 모든 상황을 이기게 하는 하나님의 능력입니다. 그 하나님의 능력이 내 영 안에 역사하고 있습니다.
　나는 내게 능력 주시는 그리스도 안에서 모든 것을 할 수 있습니다. 하나님께서 나의 능력이십니다. 나는 인간의 능력만을 사용하는 것이 아닙니다. 나는 초자연적인 능력을 가지고 있습니다. 나는 모든 것을 할 수 있습니다.

내 마음은 기름부음을 받았습니다. 내 영도 기름부음을 받았습니다.

  나는 탁월합니다. 요셉은 탁월한 영을 받았습니다. 다니엘도 탁월한 영을 받았습니다. 나도 탁월한 영을 받았습니다. 내게 불가능한 것은 없습니다. 하나님의 능력이 내 안에 역사합니다.

  나를 향하여 제조된 어떤 병기도 쓸모가 없을 것입니다. 왜냐하면 내 안에 계신 이가 세상에 있는 자보다 크시기 때문입니다. 하나님은 나의 능력이십니다.

6. 그리스도인인 나는 법적으로 하나님의 아들일 뿐 아니라, 하나님의 생명을 가진 하나님의 실제적 아들이 되었습니다

보라 아버지께서 어떠한 사랑을 우리에게 베푸사 하나님의 자녀라 일컬음을 받게 하셨는가, 우리가 그러하도다 그러므로 세상이 우리를 알지 못함은 그를 알지 못함이라 사랑하는 자들아 우리가 지금은 하나님의 자녀라 장래에 어떻게 될지는 아직 나타나지 아니하였으나 그가 나타나시면 우리가 그와 같을 줄을 아는 것은 그의 참모습 그대로 볼 것이기 때문이니

요일 3:1-2

너희가 아들이므로 하나님이 그 아들의 영을 우리 마음 가운데 보내사 아빠 아버지라 부르게 하셨느니라

갈 4:6

예수께서 이르시되 나를 붙들지 말라 내가 아직 아버지

께로 올라가지 아니하였노라 너는 내 형제들에게 가서 이르되 내가 내 아버지 곧 너희 아버지, 내 하나님 곧 너희 하나님께로 올라간다 하라 하시니   요 20:17

    나는 하나님의 아들이므로 하나님을 아빠 아버지라 부릅니다.
    하나님께서 그의 독생자를 세상에 보내신 것은 우리로 그 안에서 살게 하려 하심입니다.
    예수님이 이 땅에서 사셨던 것과 같이 우리도 이 땅에서 모든 것을 다스리며 살아갑니다.
    나는 질병을 거절합니다.
    나는 실패를 거절합니다.
    나는 나를 사랑하시는 그분으로 말미암아 정복자보다 더한 자입니다.
    나는 축복받은 자입니다.
    내가 가는 곳마다 복이 따라갑니다.
    예수님께서 영생을 가져오셔서 나는 예수님과 같은 종류class의 삶을 삽니다.

나는 복의 언약궤입니다. 나는 이 땅에서 왕과 같이 살아갑니다. 왕의 말에는 권위가 있으므로 나는 왕과 같이 말합니다. 그러면 그 말은 말한 대로 역사합니다.

나는 보통 사람이 아닙니다.

7. 그리스도인인 나는 하나님의 의입니다

하나님이 죄를 알지도 못하신 이를 우리를 대신하여 죄로 삼으신 것은 우리로 하여금 그 안에서 하나님의 의가 되게 하려 하심이라 고후 5:21

공의의 열매는 화평이요 공의의 결과는 영원한 평안과 안전이라 사 32:17

그러나 너희는 선택받은 민족이요 왕같은 제사장이며, 구별되어 헌신된 나라요, [하나님께서] 친히 사신 특별한 백성이니, 이는 너희를 어두움에서 불러내어 그의 놀라운 빛으로 들어가게 하신 분의 경이로운 행위를 내세우고 그분의 덕과 완벽함을 내보이게 하려 하심이라. 벧전 2:9

But you are a chosen race, a royal priesthood, a dedicated nation, [God's] own purchased special people, that you may set forth the wonderful deeds and display the virtues and perfections of Him Who called you out of darkness into His marvelous light(AMP).

나는 하나님의 의입니다.
나는 하나님의 선하심의 트로피입니다.
나는 하나님의 대사입니다.
나는 하나님의 편지입니다.
사람들은 나를 보고 하나님을 알게 됩니다.
사람들은 나를 통해 하나님의 살아 역사하심을 보게 됩니다.
내 삶의 구석구석마다 하나님의 영광이 나타납니다.

Part I 새로운 피조물의 고백기도

나는 그리스도인인 내가 무엇을 가지고 있는지 압니다

1. 영생God-kind of Life은 나의 것입니다

도둑이 오는 것은 도둑질하고 죽이고 멸망시키려는 것뿐이요 내가 온 것은 양으로 생명ZOE을 얻게 하고 더 풍성히 얻게(영생을 가진 자만 살 수 있는 삶) 하려는 것이라
요 10:10

이는 그를 믿는 자마다 영생을 얻게 하려 하심이니라 하나님이 세상을 이처럼 사랑하사 독생자를 주셨으니 이는 그를 믿는 자마다 멸망하지 않고 영생을 얻게 하심이라
요 3:15-16

아들을 믿는 자에게는 영생이 있고 아들에게 순종하지 아니하는 자는 영생을 보지 못하고 도리어 하나님의 진노가 그 위에 머물러 있느니라 요 3:36

  나는 영생을 가진 자입니다. 영생은 하나님의 생명이며, 내가 예수님을 영접할 때 이 영생은 내 안에 주어졌습니다.
  이 조에 생명은 내 영에 가득합니다. 이 조에 생명은 내 혼에 가득합니다. 이 조에 생명은 내 육체에 가득합니다. 이 조에 생명은 생명을 주는 영입니다. 그러므로 어떤 질병도 내 몸에 머무를 수 없습니다. 모든 연약함과 질병은 내 몸에 머무를 수 없습니다.
  내가 마음에 들지 않는 환경을 만나면 나는 믿음으로 선언함으로 상황을 변화시킵니다. 내가 조에 생명 안에서 믿음으로 선언하면 상황은 변화될 수밖에 없습니다.

2. 의는 나의 것입니다

그리스도 예수 안에 있는 속량으로 말미암아 하나님의 은혜로 값 없이 의롭다 하심을 얻은 자 되었느니라

롬 3:24

예수는 우리가 범죄한 것 때문에 내줌이 되고 또한 우리를 의롭다 하시기 위하여 살아나셨느니라

롬 4:25

하나님이 죄를 알지도 못하신 이를 우리를 대신하여 죄로 삼으신 것은 우리로 하여금 그 안에서 하나님의 의가 되게 하려 하심이라

고후 5:21

너희는 하나님으로부터 나서 그리스도 예수 안에 있고 예수는 하나님으로부터 나와서 우리에게 지혜와 의로움과 거룩함과 구원함이 되셨으니

고전 1:30

그 안에서 발견되려 함이니 내가 가진 의는 율법에서 난 것이 아니요 오직 그리스도를 믿음으로 말미암은 것이니 곧 믿음으로 하나님께로부터 난 의라 빌 3:9

   나는 의인입니다. 그리스도께서 나의 의가 되셨으므로 나는 의인이 되었습니다.
   의는 나의 본성입니다. 나는 나의 행동과 상관없이 언제나 아무 정죄감이나 열등감 없이 하나님의 임재 앞에 설 수 있습니다.
   내 영에는 언제나 하나님의 뜻대로 행동할 수 있는 능력이 있습니다.
   나는 언제나 의인입니다. 그러므로 나는 언제나 기도한 것마다 응답을 받습니다.

3. 죄를 제거함Remission of Sins은 나의 것입니다

이것은 죄 사함을 얻게 하려고 많은 사람을 위하여 흘리는 바 나의 피 곧 언약의 피니라   마 26:28

이는 우리 마음이 혹 우리를 책망할 일이 있어도 하나님은 우리 마음보다 크시고 모든 것을 아시기 때문이라   요일 3:20

하물며 영원하신 성령으로 말미암아 흠 없는 자기를 하나님께 드린 그리스도의 피가 어찌 너희 양심을 죽은 행실에서 깨끗하게 하고 살아 계신 하나님을 섬기게 하지 못하겠느냐   히 9:14

그에 대하여 모든 선지자도 증언하되 그를 믿는 사람들이 다 그의 이름을 힘입어 죄 사함을 받는다 하였느니라   행 10:43

나의 죄는 제거되었습니다. 나는 의인이고 더 이상 죄인이 아닙니다. 만일 내가 죄를 지으면 나는 자백함으로 빨리 정죄에서 빠져나오옵니다.

나의 죄는 깨끗이 제거되었습니다.

4. 구원, 구출, 해방Deliverance은 나의 것입니다

그가 우리를 흑암의 권세에서 건져내사 그의 사랑의 아들의 나라로 옮기셨으니   골 1:13

주의 성령이 내게 임하셨으니 이는 가난한 자에게 복음을 전하게 하시려고 내게 기름을 부으시고 나를 보내사 포로 된 자에게 자유를, 눈 먼 자에게 다시 보게 함을 전파하며 눌린 자를 자유롭게 하고 주의 은혜의 해를 전파하게 하려 하심이라   눅 4:18-19

그 눈을 뜨게 하여 어둠에서 빛으로, 사탄의 권세에서 하나님께로 돌아오게 하고 죄 사함과 나를 믿어 거룩하게 된 무리 가운데서 기업을 얻게 하리라 하더이다   행 26:18

  나는 내가 누구인지 압니다. 나는 하나님의 자녀입니다. 나는 예수님과 함께 하는 공동 상속자입니다.

이 세상의 모든 것은 예수 이름에 복종해야 합니다.

나는 사탄을 이긴 자입니다. 예수님께서 나를 흑암의 나라에서 건져내셔서 사랑의 아들의 나라로 해방하셨습니다.

이제 마귀는 나와 상관없는 자입니다. 사탄은 내 삶의 어느 영역에서도 역사할 수 없습니다.

내 삶의 어느 영역에서든 사탄의 역사는 불법임을 선포합니다.

"사탄아, 예수 그리스도 이름으로 명하노니 내게서 떠나가라!"

5. 치유와 신성한 건강은 나의 것입니다

그가 찔림은 우리의 허물 때문이요 그가 상함은 우리의 죄악 때문이라 그가 징계를 받으므로 우리는 평화를 누리고 그가 채찍에 맞으므로 우리는 나음을 받았도다
사 53:5

친히 나무에 달려 그 몸으로 우리 죄를 담당하셨으니 이는 우리로 죄에 대하여 죽고 의에 대하여 살게 하려 하심이라 그가 채찍에 맞음으로 너희는 나음을 얻었나니
벧전 2:24

치유와 신성한 건강은 나의 것입니다.

예수님이 채찍에 맞음으로 내가 나음을 입었습니다. 그러므로 나는 모든 연약함과 질병을 예수 이름으로 거절합니다. 어떤 질병도 내 몸에 머무를 수 없습니다.

신성한 건강은 우리의 생득권입니다. 나는 항상

하나님의 능력과 생명으로 충만합니다.

　나는 하나님이 주시는 신성한 건강으로 오래오래 하나님의 영광이 될 것입니다.

6. 화평Peace, 하나님과 하나 됨은 나의 것입니다

그는 우리의 화평이신지라 둘로 하나를 만드사 원수 된 것 곧 중간에 막힌 담을 자기 육체로 허시고 법조문으로 된 계명의 율법을 폐하셨으니 이는 이 둘로 자기 안에서 한 새 사람을 지어 화평하게 하시고

엡 2:14-15

그러므로 우리가 믿음으로 의롭다 하심을 받았으니 우리 주 예수 그리스도로 말미암아 하나님과 화평을 누리자 또한 그로 말미암아 우리가 믿음으로 서 있는 이 은혜에 들어감을 얻었으며 하나님의 영광을 바라고 즐거워하느니라

롬 5:1-2

이것을 너희에게 이르는 것은 너희로 내 안에서 평안을 누리게 하려 함이라 세상에서는 너희가 환난을 당하나 담대하라 내가 세상을 이기었노라

요 16:33

나는 우리 주 예수 그리스도로 말미암아 하나님과 화평케 되었습니다.

나는 그리스도로 말미암아 하나님과 하나되었습니다. 예수님은 머리시며 우리는 그의 몸입니다.

우리는 머리이신 예수님의 몸과 그의 살과 그의 뼈의 지체입니다.엡 5:30

예수님이 이 땅에서 어떠한 자이셨듯이 나도 이 땅에서 그러한 자입니다.

7. 형통은 나의 것입니다

우리 주 예수 그리스도의 은혜를 너희가 알거니와 부요하신 이로서 너희를 위하여 가난하게 되심은 그의 가난함으로 말미암아 너희를 부요하게 하려 하심이라　　　　　　　　　　　　　　고후 8:9

하나님이 능히 모든 은혜를 너희에게 넘치게 하시나니 이는 너희로 모든 일에 항상 모든 것이 넉넉하여 모든 착한 일을 넘치게 하게 하려 하심이라　　고후 9:8

심는 자에게 씨와 먹을 양식을 주시는 이가 너희 심을 것을 주사 풍성하게 하시고 너희 의의 열매를 더하게 하시리니　　　　　　　　　　　　　　고후 9:10

여호와께서 요셉과 함께 하시므로 그가 형통한 자가 되어 그의 주인 애굽 사람의 집에 있으니　　창 39:2

너희는 너희 하나님 여호와를 신뢰하라 그리하면
견고히 서리라 그의 선지자들을 신뢰하라 그리하면
형통하리라 대하 20:20

나의 의를 즐거워하는 자들이 기꺼이 노래 부르고
즐거워하게 하시며 그의 종의 평안함을 기뻐하시는
여호와는 위대하시다 하는 말을 그들이 항상 말하게
하소서 시 35:27

여호와께서 주시는 복은 사람을 부하게 하고 근심을
겸하여 주지 아니하시느니라 잠 10:22

그가 다시 외쳐 이르기를 만군의 여호와의 말씀에 나의
성읍들이 넘치도록 다시 풍부할 것이라 슥 1:17
My cities through prosperity shall yet be spread abroad
(KJV).

예수 그리스도께서 부요한 자로서 가난하게 되신

것은 나를 부요하게 하기 위함입니다. 그러므로 거듭난 나는 부요한 자입니다.

  부요는 하나님의 자녀의 권세입니다.

  부요는 하나님의 선물입니다.

  하나님께서는 나에게 재물 얻을 능력과 지혜와 기회를 주십니다.

  내게는 언제나 하나님이 주시는 지혜와 능력과 기회와 만남을 잘 활용할 탁월한 영이 있습니다.

  나는 하나님이 내게 주신 부요를 사용하여 영혼을 구원하고 하나님의 왕국을 확장하는 하나님의 군사입니다.

  나는 부요한 자입니다.

8. 나는 시온에 속한 자로서, 예수 이름의 권세를 가지고 있습니다

예수께서 나아와 말씀하여 이르시되 하늘과 땅의 모든 권세를 내게 주셨으니 그러므로 너희는 가서 모든 민족을 제자로 삼아 아버지와 아들과 성령의 이름으로 침례를 베풀고 내가 너희에게 분부한 모든 것을 가르쳐 지키게 하라 볼지어다 내가 세상 끝날까지 너희와 항상 함께 있으리라 하시니라 마 28:18-20

자녀이면 또한 상속자 곧 하나님의 상속자요 그리스도와 함께 한 상속자니… 롬 8:17

우리는 하나님께서 [직접] 손수 만드신 작품(그분의 솜씨)이며, [하나님께서 미리 준비해 놓으신 길을 따라] 그분께서 우리를 위해 예정하신 (사전에 계획하신) 선한 일을 하고, 그 안에서 [그분께서 우리가 미리 계획하시고 준비하신 좋은 삶을 살며] 행하도록 그리스도 예수 안에서 재창조된 [거듭 난] 자입니다. 엡 2:10

For we are God's [own] handiwork (His workmanship), recreated in Christ Jesus, [born anew] that we may do those good works which God predestined (planned beforehand) for us [taking paths which He prepared ahead of time], that we should walk in them [living the good life which He prearranged and made ready for us to live(AMP).

너희가 나를 택한 것이 아니요 내가 너희를 택하여 세웠나니 이는 너희로 가서 열매를 맺게 하고 또 너희 열매가 항상 있게 하여 내 이름으로 아버지께 무엇을 구하든지 다 받게 하려 함이라   요 15:16

  예수님께서는 이 땅의 권세를 되찾으셔서 그 권세를 나에게 주시려고 나를 공동 상속자가 되게 하셨습니다.
  내가 무엇이든지 말씀을 따라 보고 믿고 예수 이름으로 선언하면, 모든 것은 그 이름의 권세 앞에 복종합니다. 나는 그리스도와 함께 내 삶을 다스리는 정복자입니다.

9. 내게는 하나님의 아가페 사랑이 부어져 있고, 나는 그 사랑으로 행할 수 있습니다

하나님이 우리를 사랑하시는 사랑을 우리가 알고 믿었노니 하나님은 사랑이시라 사랑 안에 거하는 자는 하나님 안에 거하고 하나님도 그의 안에 거하시느니라 이로써 사랑이 우리에게 온전히 이루어진 것은 우리로 심판 날에 담대함을 가지게 하려 함이니 주께서 그러하심과 같이 우리도 이 세상에서 그러하니라 사랑 안에 두려움이 없고 온전한 사랑이 두려움을 내쫓나니 두려움에는 형벌이 있음이라 두려워하는 자는 사랑 안에서 온전히 이루지 못하였느니라 우리가 사랑함은 그가 먼저 우리를 사랑하셨음이라

요일 4:16-19

소망이 우리를 부끄럽게 하지 아니함은 우리에게 주신 성령으로 말미암아 하나님의 사랑이 우리 마음에 부은 바 됨이니

롬 5:5

나는 너희에게 이르노니 너희 원수를 사랑하며 너희를 박해하는 자를 위하여 기도하라   마 5:44

사랑은 오래 참고 사랑은 온유하며 시기하지 아니하며 사랑은 자랑하지 아니하며 교만하지 아니하며 무례히 행하지 아니하며 자기의 유익을 구하지 아니하며 성내지 아니하며 악한 것을 생각하지 아니하며 불의를 기뻐하지 아니하며 진리와 함께 기뻐하고 모든 것을 참으며 모든 것을 믿으며 모든 것을 바라며 모든 것을 견디느니라   고전 13:4-7

  나는 내 안에 있는 사랑의 영이신 성령님과 함께 늘 사랑으로 행합니다.

  나는 원수를 사랑하고 나를 저주하는 자를 축복하며 나를 미워하는 자에게 잘해주고 나를 천대하고 박해하는 자들을 위해 기도함으로 하늘 아버지의 온전하심과 같이 행합니다.

  나는 어두움을 어두움으로 대하지 않고 빛으로

어두움을 몰아냅니다. 나는 빛 되신 하나님 아버지의 빛의 자녀이기 때문입니다. 내게는 그러한 사랑이 부어져 있습니다. 그러므로 나는 하나님의 사랑으로 사랑하기로 선택합니다.

나는 오래 참습니다.

나는 온유합니다.

나는 시기하지 않습니다.

나는 자랑하지 않으며 교만하지 않습니다.

나는 무례하지 않습니다.

나는 나의 이익을 구하지 않습니다.

나는 성내지 않습니다.

나는 악한 것을 생각하지 않습니다.

나는 불의를 기뻐하지 않으며, 진리와 함께 기뻐합니다.

나는 사랑하는 사람이므로 사랑으로 모든 것을 덮어주며, 모든 것을 믿으며, 모든 것을 바라며, 모든 것을 견딥니다.

10. 내게는 지혜가 있습니다

너희는 하나님으로부터 나서 그리스도 예수 안에 있고 예수는 하나님으로부터 나와서 우리에게 지혜와 의로움과 거룩함과 구원함이 되셨으니 고전 1:30

그 안에는 지혜와 지식의 모든 보화가 감추어져 있느니라 … 그 안에는 신성의 모든 충만이 육체로 거하시고 너희도 그 안에서 충만하여졌으니 그는 모든 통치자와 권세의 머리시라 골 2:3, 9-10

그의 위에 여호와의 영 곧 지혜와 총명의 영이요 모략과 재능의 영이요 지식과 여호와를 경외하는 영이 강림하시리니 사 11:2

And the spirit of the LORD shall rest upon him, the spirit of wisdom and understanding, the spirit of counsel and might, the spirit of knowledge and of the fear of the LORD(KJV).

지혜가 제일이니 지혜를 얻으라 네가 얻은 모든 것을 가지고 명철을 얻을지니라 그를 높이라 그리하면 그가 너를 높이 들리라 만일 그를 품으면 그가 너를 영화롭게 하리라   잠 4:7-8

훈계를 들어서 지혜를 얻으라 그것을 버리지 말라 누구든지 내게 들으며 날마다 내 문 곁에서 기다리며 문설주 옆에서 기다리는 자는 복이 있나니 대저 나를 얻는 자는 생명을 얻고 여호와께 은총을 얻을 것임이니라   잠 8:33-35

  예수님이 나의 지혜가 되셨으므로 내 안에는 솔로몬보다 더한 지혜가 있습니다. 그러므로 나는 언제나 성령님의 도움을 받아 바른 생각을 하고 바른 말을 하며 바른 선택과 바른 행동을 합니다.
  나에게 미혹이란 없습니다. 나는 어두움 가운데 걷지 않습니다. 나는 항상 바르게 보고 지혜로운 결정과 지혜로운 행동을 합니다.

Part I 새로운 피조물의 고백기도

나는 상황을 바꾸며
항상 승리하는 자입니다

내가 진실로 너희에게 이르노니 누구든지 이 산더러 들리어 바다에 던져지라 하며 그 말하는 것이 이루어질 줄 믿고 마음에 의심하지 아니하면 그대로 되리라

막 11:23

자녀들아 너희는 하나님께 속하였고 또 그들을 이기었나니 이는 너희 안에 계신 이가 세상에 있는 자보다 크심이라

요일 4:4

한 사람의 범죄로 말미암아 사망이 그 한 사람을 통하여 왕 노릇 하였은즉 더욱 은혜와 의의 선물을

넘치게 받는 자들은 한 분 예수 그리스도를 통하여
생명 안에서 왕 노릇 하리로다 롬 5:17

또 우리 형제들이 어린 양의 피와 자기들이 증언하는
말씀으로써 그를 이겼으니 계 12:11

나는 내가 누구인지 압니다.
나는 그리스도 안에서 승리하는 자입니다.
과거에 하던 생각을 나는 바꾸었습니다.
나는 내 생각과 마음을 바꾸었습니다.
나는 성공하는 자입니다.
아버지, 오늘도 나를 인도해 주시니 감사합니다.
영광의 왕을 경배합니다.
나는 오늘도 주님과 함께 나갑니다.
성령님과 함께 나갑니다.
나는 내 영 안에 내가 가야 할 바른 방향을 알고 있고, 바른 것을 볼 것이며, 바른 일을 할 것입니다.
영광의 소망이신 그리스도께서 내 안에 계십니다.

내가 어디를 가든지 내 좌우에는 호의가 있습니다.

나는 다스리는 영을 가지고 있습니다.

그러므로 나는 실패할 수 없습니다.

나는 주변의 상황이나 사람들에 의해 흔들리지 않습니다.

나는 하나님의 생명으로 가득하고 성령님으로 가득하기 때문입니다.

아버지, 예수님의 이름으로 감사합니다. 할렐루야!

나는 하나님의 자녀입니다.

나는 새로운 언어를 가지고 있습니다.

그 언어는 영의 언어입니다.

그 언어는 승리하는 언어입니다.

나는 언제나 이기는 자입니다.

나는 내가 누구인지 압니다.

나는 언제나 승리합니다.

나는 매일 발전하고 진보합니다.

나는 앞으로 전진합니다.

나는 승리자입니다.

하나님의 말씀이 내 안에 있습니다.
하나님의 생명이 내 안에 있습니다.
내 안에는 영광의 소망이신 그리스도가 계십니다.
그리스도는 내 영에 가득합니다.
내 혼에도 가득합니다.
내 몸에도 가득합니다.
나는 신성한 임재를 가지고 다닙니다.
나는 세상의 빛입니다.
나는 하나님의 놀라운 빛 가운데 거하고 있습니다.
그 안에는 어두움이 조금도 없습니다.
나는 하나님의 영광 안에서 기능합니다.
나는 하나님의 영역에서 기능합니다.
나는 하나님의 영광의 영역, 즉 승리의 영역에서 기능합니다.
나는 하나님의 목적 안에서 기능합니다.
나는 하나님의 영광을 위하여 태어났습니다.
내 삶은 하나님의 영광으로 충만합니다.
나는 이 땅에 바른 시간에 왔습니다.

하나님의 말씀은 내 영 안에 들어와 나를 비추어 내게 정보를 주고, 나를 강건케 하며, 나에게 방향을 제시해 주고, 나를 세워줍니다.

내가 하나님의 영광을 위해 태어났기 때문입니다.

나는 어느 곳에 가든지 하나님의 축복을 가지고 갑니다.

나는 어디에 가든지 축복을 주는 자입니다.

나는 하나님의 나라, 시온의 백성입니다.

나는 내가 누구인지 압니다.

나는 상황을 바꾸는 자입니다.

그러므로 나는 환경을 탓하지 않습니다.

사람을 탓하지 않습니다.

내게는 상황을 바꾸는 능력이 있기 때문입니다.

나는 내가 누구인지 압니다.

나는 하나님의 생명으로 충만합니다.

나는 하나님의 말씀과 성령의 능력으로 상황을 바꿉니다. 그러므로 나는 언제나 승리합니다.

아버지, 예수의 이름으로 감사드립니다. 할렐루야!

Part I 새로운 피조물의 고백기도

나는 내 인생의 선지자입니다

하나님께서 홀로 나의 축복과 저주를 주관하시는 것이 아닙니다. 하나님께서는 나의 운명을 결정할 능력을 나에게 주셨습니다.

나는 나의 입으로 내 인생의 경로를 바꿉니다.

이 율법책을[그리스도 안에서 내가 누구이며, 무엇을 가지고 있고, 무엇을 할 수 있는지에 대한 말씀] 네 입에서 떠나지 말게 하며 주야로 그것을 묵상하여 그 안에 기록된 대로 다 지켜 행하라 그리하면 네 길이 평탄하게 될 것이며 네가 형통하리라   수 1:8

나는 점점 더 건강해집니다.

나는 점점 더 성공합니다.

나는 점점 더 강해집니다.

나는 지식과 명철과 지혜 안에서 자라갑니다.

하나님의 능력이 내 안에 역사하므로 나는 실패할 수 없습니다.

나는 성공합니다.

하나님의 손이 내 삶 위에 있으며, 나는 전진하며 진보합니다.

하나님의 능력이 내 안에 있습니다.

능력의 영이 내 안에 역사합니다.

나는 미래를 기대하며 바라봅니다. 왜냐하면 나는 대단한 미래를 가지고 있기 때문입니다.

나는 모든 것이 최고를 향해 변화되는 것을 봅니다.

나는 하나님께서 그리스도 안에 있는 나에 대하여 말씀하신 것이 그대로 이루어지는 것을 확실히 믿습니다. 그러므로 나는 그의 말씀 안에서 흔들리지 않고 믿음에 강건해져서 주님께 영광을 드립니다.

나의 건강은 점점 더 좋아집니다.

나의 재정은 증가하고 있습니다.

나는 진보하고 있습니다.

나는 부요를 봅니다.

나는 나의 진급을 봅니다.

내 안에 계신 이가 세상에 있는 자보다 더 크십니다.

나는 내 안에 하나님의 능력을 가지고 있습니다.

나는 내게 힘주시는 그리스도 안에서 무엇이든지 할 수 있습니다.

성령님의 기름부음이 내 위에 있어서 내가 더 앞으로 진보하게 하십니다.

나는 점점 좋아지며, 강해지며, 날마다 거대해집니다.

나는 그리스도 예수의 이름 안에서 승리 가운데 걷습니다.

주님께 영광 돌립니다.

Part I 새로운 피조물의 고백기도

내 안에 계신 그리스도

내게 능력 주시는 그리스도를 통하여 나는 모든 것을 할 수 있습니다. 빌 4:13

나는 그리스도와 함께 십자가에 못 박혔습니다. 그러나 나는 아직도 살고 있습니다. 이제는 내가 사는 것이 아니라 내 안에 그리스도께서 살고 계십니다. 내가 육체 안에 살고 있는 이 삶은 나를 사랑하셔서 나를 위해 자신을 내어 주신 하나님의 아들을 믿는 믿음으로 사는 것입니다. 갈 2:20

나의 속사람은 아버지의 영으로, 그 능력으로 말미암아 강합니다. 믿음으로 그리스도께서 내 심령에 살고 계십니다. 나는 사랑 가운데 뿌리가 박히고 터가 굳어져 있습니다. 나는 그리스도의 사랑의 너비와 길이와 높이와 깊이를 알고 소유하게 되기를 열망합니다. 머리로 아는 단순한 지식을 초월하여 그리스도께서 얼마나 나를 사랑하시는지를 나는 압니다. 나는 하나님의 충만하심으로 가득합니다. 나의 몸은 하나님 그분으로 충만하고 차고 넘칩니다. 그분의 임재가 항상 가장 풍성하게 나와 함께 하십니다.엡 3:16-19

내 몸은 어둠이 전혀 없이 빛으로 가득합니다. 하나님은 빛입니다. 나의 몸은 하나님의 본성과 능력으로 충만합니다.눅 11:36, 요일 5:1

그리스도께서 내 몸 안에 계시기 때문에 나는 온갖 충만한 신성으로 가득 차 있습니다.골 2:9-10

그리스도는 내 안에 계십니다. 그리스도는 나의 영광의 소망입니다. 그리스도는 내가 기대하고 볼 수 있는 영광입니다.골 1:27

나는 하나님의 아들입니다. 내가 하나님 아버지를 '아빠, 아버지'라고 부를 수 있도록 아들의 영을 내게 보내 주셨습니다. 내 안에 계신 그리스도께서는

"아빠, 아버지! 아버지께는 모든 것이 가능합니다." 라고 기도합니다. 갈 4:6, 막 14:36

아버지께서 예수님께 주신 것과 똑같은 영광을 나는 가지고 있습니다. 그 영광은 "나와 아버지는 하나다" 라고 말합니다. 나는 하나님과 하나입니다. 요 10:30

그리스도는 내 안에 계십니다. 나와 그리스도는 하나입니다. 나와 나의 아버지는 하나입니다. 요 10:30

나의 아버지는 내 안에 계신 그리스도를 통하여 일하십니다. 이를 통하여 세상은 아버지께서 그리스도를 보내셔서 내 안에 살게 하셨다는 것을 압니다. 이로써 세상은 아버지께서 예수님을 사랑하신 것과 똑같이 나를 사랑하셨다는 것을 압니다. 요 17:23

기름부음 받은 분인 그리스도께서 내 육체 안에 살고 계십니다. 아버지께서 내 안에 살고 계십니다. 나와 아버지는 하나입니다. 요 10:30

Part I 새로운 피조물의 고백기도

영으로 기능하는 고백기도

1. 나는 말씀의 능력을 믿습니다

이와 같이 주의 말씀이 힘이 있어 흥왕하여 세력을 얻으니라
행 19:20

이제 형제들아, 내가 너희를 하나님과 그분의 은혜의 말씀에 의탁하노니, 그 말씀이 능히 너희를 굳게 세워줄 것이며, 또 거룩하게 된 모든 사람 가운데서 너희에게 유업을 줄 것이라
행 20:32

살리는 것은 영이니 육은 무익하니라 내가 너희에게 이른 말이 영이요 생명이니라
요 6:63

나는 말씀으로 거듭났습니다.

나는 주의 말씀을 기쁨으로 내 영에 받습니다. 말씀이 내 영에 들어오면 나는 세워집니다.

하나님의 말씀이 내 안에서 세력을 얻을 때에 내 능력이 증가되어 내 삶이 변합니다.

하나님의 말씀이 능히 나를 굳게 세워주어 그리스도 예수 안에 있는 나에게 유업을 누리게 해줍니다.

내가 말씀을 듣고 선언하면 그 말씀이 내 영에 역사하여 나를 세워주며 내 능력은 점점 증가되며 내 삶은 변합니다.

말씀을 받을수록 나는 점점 더 큰 성공을 위해 준비됩니다.

나는 구하는 것마다 응답받습니다. 많은 영혼을 구원하며 많은 열매를 맺습니다.

2. 나는 내 안에 있는 것들을 인식합니다

또 증거는 이것이니 하나님이 우리에게 영생을 주신 것과 이 생명이 그의 아들 안에 있는 그것이니라 아들이 있는 자에게는 생명이 있고 하나님의 아들이 없는 자에게는 생명이 없느니라 내가 하나님의 아들의 이름을 믿는 너희에게 이것을 쓰는 것은 너희로 하여금 너희에게 영생이 있음을 알게 하려 함이라

요일 5:11-13

내게 능력 주시는 그리스도를 통하여 내가 모든 것을 할 수 있느니라 빌 4:13

진리의 성령이 오시면 그가 너희를 모든 진리 가운데로 인도하시리니 그가 스스로 말하지 않고 오직 들은 것을 말하며 장래 일을 너희에게 알리시리라 요 16:13

나는 내 안에 있는 생명을 인식합니다.
나는 영생을 가진 자입니다. 영생은 하나님의 생명

이며, 내가 예수님을 영접할 때 이 영생은 내 안에 주어졌습니다.

이 조에 생명은 내 영에 가득합니다. 이 조에 생명은 내 혼에 가득합니다. 이 조에 생명은 내 육체에 가득합니다.

이 영생은 생명을 주는 영입니다. 어떤 질병도 내 몸에 머무를 수 없습니다.

나는 성령님과 함께 초자연적으로 살아갑니다.

나는 그리스도 의식을 가지고 있습니다.

그리스도와 나는 하나입니다.

나는 내 능력으로 사는 것이 아니라 내 안에 계신 그리스도의 능력으로 삽니다. 그 능력으로 나는 무엇이든지 할 수 있습니다. 나의 탁월함은 그분의 능력입니다.

나는 성령님을 인식합니다. 그분이 내 안에 계십니다.

성령님은 나를 가르치시며, 진리 가운데로 인도하시며, 지시하십니다. 그분의 지시를 받고 변화할 때 나는 항상 승리합니다. 나는 성령님을 인식합니다.

3. 나는 영혼구원자입니다

하나님이 세상을 이처럼 사랑하사 독생자를 주셨으니 이는 그를 믿는 자마다 멸망하지 않고 영생을 얻게 하려 하심이라 요 3:16

내가 복음을 부끄러워하지 아니하노니 이 복음은 모든 믿는 자에게 구원을 주시는 하나님의 능력이 됨이라 먼저는 유대인에게요 그리고 헬라인에게로다
롬 1:16

도둑이 오는 것은 도둑질하고 죽이고 멸망시키려는 것뿐이요 내가 온 것은 양으로 생명을 얻게 하고 더 풍성히 얻게 하려는 것이라 요 10:10

예수께서 나아와 말씀하여 이르시되 하늘과 땅의 모든 권세를 내게 주셨으니 그러므로 너희는 가서 모든 민족을 제자로 삼아 아버지와 아들과 성령의

이름으로 침례를 베풀고 내가 너희에게 분부한 모든 것을 가르쳐 지키게 하라 볼지어다 내가 세상 끝날까지 너희와 항상 함께 있으리라 하시니라

마 28:18-20

 나는 영혼구원자입니다. 하나님께서 세상을 사랑하셔서 하나밖에 없는 아들을 영혼구원자로 보내셨습니다.
 예수님도 영혼들을 사랑하셔서 그 영혼들을 구원하시려고 자기의 목숨을 내어주셨습니다. 나도 하나님을 사랑하고 영혼들을 사랑하므로 영혼을 구원합니다. 나는 영혼구원자입니다.
 나는 성령님과 함께 영혼구원에 동역합니다.
 나는 복음을 전하고 성령님은 감동하시고 역사하십니다. 그러므로 나는 무엇을 말할지 미리 준비하지 않습니다. 성령님께서 그 순간 할 말을 주실 것이기 때문입니다.
 나와 성령님은 영혼구원에 동역합니다.

영혼구원은 사랑의 행위입니다. 영혼구원은 믿음의 행위입니다.

나는 한 영혼을 주님의 눈으로 바라보며 그를 위해 기도하고 복음을 전파합니다. 그 영혼에 대한 값은 이미 지불되었고 내가 전하는 복음에는 구원하는 능력이 있습니다. 그가 복음을 받아들이기만 하면 그는 승리의 삶, 아름다운 삶 안으로 들어오는 것을 나는 압니다. 그의 삶은 떠오르는 해와 같이 점점 더 빛나 완전해질 것입니다.

나는 언제 어디서나 영혼을 구원합니다. 나는 영혼구원자입니다. 영혼구원은 나의 삶의 이유입니다. 나의 삶의 방향입니다. 나는 영혼구원자입니다.

Part Ⅱ

주제별 고백기도

"한 사람의 범죄로 말미암아 사망이
그 한 사람을 통하여 왕 노릇 하였은즉
더욱 은혜와 의의 선물을 넘치게 받는 자들은
한 분 예수 그리스도를 통하여
생명 안에서 왕 노릇 하리로다"

롬 5:17

Part Ⅱ 주제별 고백기도

치유 고백기도

이르시되 너희가 너희 하나님 나 여호와의 말을 들어 순종하고 내가 보기에 의를 행하며 내 계명에 귀를 기울이며 내 모든 규례를 지키면(그리스도 안에서 이미 성취된 일입니다.) 내가 애굽 사람에게 내린 모든 질병 중 하나도 너희에게 내리지 아니하리니 나는 너희를 치료하는 여호와임이라 출 15:26

그리스도께서 우리를 위하여 저주를 받은 바 되사 율법의 저주에서 우리를 속량하셨으니 기록된 바 나무에 달린 자마다 저주 아래에 있는 자라 하였음이라
갈 3:13

내 영혼아 여호와를 송축하라 내 속에 있는 것들아 다 그의 거룩한 이름을 송축하라 내 영혼아 여호와를

송축하며 그의 모든 은택을 잊지 말지어다 그가 네 모든 죄악을 사하시며 네 모든 병을 고치시며 네 생명을 파멸에서 속량하시고 인자와 긍휼로 관을 씌우시며 좋은 것으로 네 소원을 만족하게 하사 네 청춘을 독수리 같이 새롭게 하시는도다 시 103:1-5

그가 찔림은 우리의 허물 때문이요 그가 상함은 우리의 죄악 때문이라 그가 징계를 받으므로 우리는 평화를 누리고 그가 채찍에 맞으므로 우리는 나음을 받았도다 사 53:5

하나님이 나사렛 예수에게 성령과 능력을 기름 붓듯 하셨으매 그가 두루 다니시며 선한 일을 행하시고 마귀에게 눌린 모든 사람을 고치셨으니 이는 하나님이 함께 하셨음이라 행 10:38

이는 선지자 이사야를 통하여 하신 말씀에 우리의 연약한 것을 친히 담당하시고 병을 짊어지셨도다 함을 이루려 하심이더라 마 8:17

주제별 고백기도

친히 나무에 달려 그 몸으로 우리 죄를 담당하셨으니 이는 우리로 죄에 대하여 죽고 의에 대하여 살게 하려 하심이라 그가 채찍에 맞음으로 너희는 나음을 얻었나니
벧전 2:24

주님, 나는 예수 그리스도는 어제나 오늘이나 영원토록 동일하시다는 하나님의 말씀을 믿습니다. 예수님께서는 이 땅에 사시는 동안 두루 다니시며 말씀을 가르치시고 하나님 나라의 복음을 전파하시며 많은 사람들에게 있던 질병을 고치셨습니다.

나는 예수님께서 지금도 동일하심을 믿기 때문에, 내가 아플 때 예수님께서 나를 고치기를 원하신다는 것을 압니다.

하나님의 말씀은 나의 생명이며, 그 말씀은 내 육체에 치유를 가져옵니다. 말씀 안에 치유의 능력이 있음을 감사합니다. 아버지, 나는 하나님의 말씀을 눈에서 떼지 않을 것입니다. 나는 하나님의 말씀을 내 심령 깊은 곳에 심고 지키겠습니다.

예수님께서 채찍에 맞으심으로 내가 나은 것을 감사드립니다. 나는 보이는 것으로 살지 않고 믿음으로 행합니다. 나는 질병으로 인한 모든 증상을 예수 이름으로 거절합니다. 주님의 이름을 찬양합니다. 주님을 사랑합니다. 나를 치유하심에 감사드리며 나의 건강을 지켜주심을 감사합니다.

나는 내 몸에 있는 질병이나 통증을 거절합니다. 그것들은 더 이상 내 몸에 머무를 수 없습니다. 나는 하나님의 생명과 능력으로 충만합니다. 나는 하나님이 주시는 신유로 말미암아 건강하게 오래 삽니다.

주님께서 약속하신 대로 예수님은 나를 모든 질병의 저주로부터 해방하셨습니다. 나는 주님의 말씀으로 내 몸의 모든 증상들을 내어 쫓습니다. 내 몸과 영과 혼 안에는 영생이 흐르고 있습니다. 그러므로 어떤 질병도 그 영생 안에 존재할 수 없음을 선포합니다.

내 몸의 악한 부분은 회복되기 시작합니다. 예수님은 채찍에 맞으셨고 나는 그것을 믿음으로 치유 받습니다.

Part II 주제별 고백기도

재정적 부요를 위한 고백기도

나의 의를 즐거워하는 자들이 기꺼이 노래 부르고 즐거워하게 하시며 그의 종의 평안함Prosperity:형통함을 기뻐하시는 여호와는 위대하시다 하는 말을 그들이 항상 말하게 하소서 시 35:27

여호와께서 주시는 복은 사람을 부하게 하고 근심을 겸하여 주지 아니하시느니라 잠 10:22

그가 다시 외쳐 이르기를 만군의 여호와의 말씀에 나의 성읍들이 넘치도록 다시 풍부할 것이라 슥 1:17
My cities through prosperity shall yet be spread abroad (KJV).

우리 주 예수 그리스도의 은혜를 너희가 알거니와 부요하신 이로서 너희를 위하여 가난하게 되심은 그의 기난함으로 말미암아 너희를 부요하게 하려 하심이라
고후 8:9

하나님이 능히 모든 은혜를 너희에게 넘치게 하시나니 이는 너희로 모든 일에 항상 모든 것이 넉넉하여 모든 착한 일을 넘치게 하게 하려 하심이라
고후 9:8

젊은 사자는 궁핍하여 주릴지라도 여호와를 찾는 자는 모든 좋은 것에 부족함이 없으리로다
시 34:10

네 재물과 네 소산물의 처음 익은 열매로 여호와를 공경하라 그리하면 네 창고가 가득히 차고 네 포도즙 틀에 새 포도즙이 넘치리라
잠 3:9-10

나의 하나님이 그리스도 예수 안에서 영광 가운데 그 풍성한 대로 너희 모든 쓸 것을 채우시리라
빌 4:19

너희가 즐겨 순종하면 땅의 아름다운 소산을 먹을 것이요   사 1:19

도둑이 오는 것은 도둑질하고 죽이고 멸망시키려는 것뿐이요 내가 온 것은 양으로 생명을 얻게 하고 더 풍성히 얻게 하려는 것이라   요 10:10

그런즉 누구든지 사람을 자랑하지 말라 만물이 다 너희 것임이라 바울이나 아볼로나 게바나 세계나 생명이나 사망이나 지금 것이나 장래 것이나 다 너희의 것이요 너희는 그리스도의 것이요 그리스도는 하나님의 것이니라   고전 3:21-23

네 하나님 여호와를 기억하라 그가 네게 재물 얻을 능력을 주셨음이라 이같이 하심은 네 조상들에게 맹세하신 언약을 오늘과 같이 이루려 하심이니라
    신 8:18

예수님께서 부요한 자로서 가난하게 되심은 나를 부요하게 하기 위해서 값을 치르신 것입니다.고후 8:9

그러므로 나는 부요한 자입니다. 나는 가난할 수 없습니다. 나는 모든 일에 언제나 넉넉합니다.고후 9:8

나는 왕의 자녀입니다. 이 세상 우주 만물은 아버지의 것입니다. 나는 그분의 자녀입니다.약 1:18

성공은 나의 것입니다. 나는 성공하는 자입니다. 나는 하나님의 자녀입니다. 자녀이면 후사 곧 그리스도와 함께 한 공동 상속자입니다. 내 삶은 영광의 기업으로 충만하고 부요합니다.엡 1:18

나는 내가 누구인지 압니다. 나는 하나님의 생명으로 충만합니다. 하나님의 능력으로 충만합니다. 그리스도께서 내 안에 계십니다. 할렐루야!

그리스도 안에서 나는 부요한 자입니다. 내게는 물질의 부족함이란 없습니다. 아들을 아끼지 않고 내어 주신 하나님 아버지께서 나에게 모든 것을 주시기 원하신다는 것을 나는 알고 있습니다.

예수님께서 십자가에서 모든 저주의 값을 치르셨을

때 우리의 가난함의 값도 치르시고 아브라함의 복이 우리에게 임하게 하셨음을 믿습니다.

예수님께서는 이 세상 모든 것을 가지신 부요한 분이셨지만 우리를 부요하게 하시기 위해 가난하게 되심으로 값을 치르셨기 때문에, 젊은 사자는 궁핍하여 굶주리는 경우가 있을지라도 예수님을 의지하는 나에게는 모든 것에 풍족하고 부족함이 없는 것을 믿습니다.

나는 하나님의 말씀에 기쁜 마음으로 순종하고 살기 때문에 하나님께서는 내게 땅의 아름다운 소산으로 채우실 뿐 아니라, 그리스도 예수 안에서 영광 가운데 하나님의 풍성함으로 나의 모든 쓸 것을 채우심을 감사합니다.

하나님께서는 언제나 모든 일에 넘치게 하시므로 나는 모든 선한 일을 하기에 조금도 부족함이 없습니다.

나는 내게 주시는 그 말할 수 없는 풍성함을 나만을 위하여 쓰는 것이 아니라, 하나님 나라의 확장과 이웃을 위한 사랑의 도구로 쓸 것입니다.

  나는 심고 거두는 법칙을 훈련하여 더 큰 믿음으로 더 큰 축복을 받음으로 다른 사람에게 복이 되겠습니다.

  나의 풍요는 차고 넘쳐서 모든 일에 항상 넉넉하여 하나님이 내게 시키는 모든 착한 일을 하기에 부족함이 없습니다.

  나는 주님께서 내게 맡기신 재물을 주님께서 내게 필요를 보여주시며 인도하시는 곳에 기꺼이 심고 나누겠습니다.

Part Ⅱ 주제별 고백기도

승리하는 가정을 위한 고백기도

말씀하시기를 그러므로 사람이 그 부모를 떠나서 아내에게 합하여 그 둘이 한 몸이 될지니라 하신 것을 읽지 못하였느냐 그런즉 이제 둘이 아니요 한 몸이니 그러므로 하나님이 짝지어 주신 것을 사람이 나누지 못할지니라 하시니 마 19:5-6

그러나 나는 너희가 알기를 원하노니 각 남자의 머리는 그리스도요 여자의 머리는 남자요 그리스도의 머리는 하나님이시라 … 남자가 여자에게서 난 것이 아니요 여자가 남자에게서 났으며 또 남자가 여자를 위하여 지음을 받지 아니하고 여자가 남자를 위하여 지음을 받은 것이니 고전 11:3, 8-9

1. 남편을 위한 아내의 기도

아내들아 이와 같이 자기 남편에게 순종하라 이는 혹 말씀을 순종하지 않는 자라도 말로 말미암지 않고 그 아내의 행실로 말미암아 구원을 받게 하려 함이니 너희의 두려워하며 정결한 행실을 봄이라 벧전 3:1-2

아내들이여 자기 남편에게 복종하기를 주께 하듯 하라 이는 남편이 아내의 머리 됨이 그리스도께서 교회의 머리 됨과 같으니 그가 바로 몸의 구주시니라 그러므로 교회가 그리스도에게 하듯 아내들도 범사에 자기 남편에게 복종할지니라 엡 5:22-24

 나의 남편은 하나님께서 나에게 주신 최고의 선물이므로 나는 그를 귀하게 여기고 존경하며 그의 말에 기쁨으로 복종합니다.
 나는 그를 돕는 배필이므로 항상 그를 세워주고 격려하며, 그를 위해 기도하므로 하나님은 나의 기도에 응답하셔서, 그는 영적으로 지속적으로 성장하고 그의 삶에서 성공하는 자이며 세상에 많은 영향력을 끼치는 사람이 되어갑니다.

나의 남편의 지혜는 매일 증가합니다.

그의 능력과 역량도 매일 증가합니다.

그는 모든 일에 탁월하고 직장에서도 탁월한 자로 인정받으며 윗사람과 동료와 아랫사람으로부터 호의를 받습니다.

그는 매일 바른 선택을 하고 좋은 기회가 올 때마다 놓치지 않고 활용하므로 계속 발전하며 승진합니다.

2. 아내를 위한 남편의 기도

남편들아 이와 같이 지식을 따라 너희 아내와 동거하고 그를 더 연약한 그릇이요 또 생명의 은혜를 함께 이어받을 자로 알아 귀히 여기라 이는 너희 기도가 막히지 아니하게 하려 함이라 벧전 3:7

남편들아 아내 사랑하기를 그리스도께서 교회를 사랑하시고 그 교회를 위하여 자신을 주심 같이 하라 … 이와 같이 남편들도 자기 아내 사랑하기를 자기 자신과 같이 할지니 자기 아내를 사랑하는 자는 자기를 사랑하는 것이라 … 그러나 너희도 각각 자기의 아내 사랑하기를 자신 같이 하고 아내도 자기 남편을 존경하라 엡 5:25, 28, 33

그의 자식들은 일어나 감사하며 그의 남편은 칭찬하기를 덕행 있는 여자가 많으나 그대는 모든 여자보다 뛰어나다 하느니라 고운 것도 거짓되고 아름다운

것도 헛되나 오직 여호와를 경외하는 여자는 칭찬을 받을 것이라   잠 31:28-30

  나는 나의 아내를 더 연약한 그릇으로 여기며 생명의 은혜를 함께 상속받을 자로 귀히 여깁니다.

  나는 나의 아내를 그리스도께서 교회를 사랑하여 자신을 주심과 같이 사랑합니다.

  나는 나의 아내를 내 몸과 같이 귀히 여기며 사랑합니다.

  나의 아내는 지혜가 충만하여 자녀를 지혜로 양육합니다. 나의 아내는 성령님으로 말미암아 지혜와 계시의 영을 지속적으로 받음으로 매일 영적으로 성장하며 모든 삶 가운데 승리하는 자입니다.

3. 자녀를 위한 부모의 기도

예수는 지혜와 키가 자라가며 하나님과 사람에게 더욱 사랑스러워 가시더라   눅 2:52

또 아비들아 너희 자녀를 노엽게 하지 말고 오직 주의 교훈과 훈계로 양육하라   엡 6:4

아비들아 너희 자녀를 노엽게 하지 말지니 낙심할까 함이라   골 3:21

마땅히 행할 길을 아이에게 가르치라 그리하면 늙어도 그것을 떠나지 아니하리라   잠 22:6

채찍과 꾸지람이 지혜를 주거늘 임의로 행하게 버려 둔 자식은 어미를 욕되게 하느니라 네 자식을 징계하라 그리하면 그가 너를 평안하게 하겠고 또 네 마음에 기쁨을 주리라   잠 29:15, 17

너는 마음을 다하고 뜻을 다하고 힘을 다하여 네 하나님 여호와를 사랑하라 오늘 내가 네게 명하는 이 말씀을 너는 마음에 새기고 네 자녀에게 부지런히 가르치며 집에 앉았을 때에든지 길을 갈 때에든지 누워 있을 때에든지 일어날 때에든지 이 말씀을 강론할 것이며 너는 또 그것을 네 손목에 매어 기호를 삼으며 네 미간에 붙여 표로 삼고 또 네 집 문설주와 바깥 문에 기록할지니라 　　　　　　　신 6:5-9

　내 자녀는 하나님께서 나에게 주신 최고의 선물입니다. 하나님께서 그가 어머니의 뱃속에 조성되기 이전에 그에 관한 계획을 세우시고 그를 지으셨습니다.
　나는 내 자녀를 향한 하나님의 계획이 이루어지도록 돕는 청지기입니다.
　내 자녀는 그의 최고의 부르심까지 전진하고 성공하는 데 필요한 모든 재능과 능력들을 이미 가지고 있습니다. 나는 내 자녀가 근면하고 모든 일에 성실

하며 믿음으로 살아갈 수 있도록 말씀을 가르치며 그 말씀을 적용하도록 돕습니다.

내 자녀는 그의 부르신 분야에서 최고가 될 것입니다. 내 자녀는 하나님의 말씀을 점점 더 이해함으로 그에게 주시는 은혜가 점점 더 증가하고 모든 분야에서 탁월하게 기능합니다. 그의 입에는 지혜가 있고 그의 판단과 선택은 탁월하며 그는 윗사람과 친구들에게 호의를 받습니다.

나의 입에서 나의 자녀를 향해 나가는 축복의 말들은 그의 삶에 실재가 됩니다.

그는 성장하여 지혜와 계시가 점점 더 증가하며 필요한 모든 훈련을 능히 통과하고 세워짐으로 요셉과 같이 하나님 나라의 확장과 하나님의 영광을 나타내는 열매가 풍성한 포도나무 가지가 될 것입니다. 할렐루야!

Part Ⅱ 주제별 고백기도

영혼구원을 위한 고백기도

의인의 열매는 생명 나무라 지혜로운 자는 사람을 얻느니라
잠 11:30

지혜 있는 자는 궁창의 빛과 같이 빛날 것이요 많은 사람을 옳은 데로 돌아오게 한 자는 별과 같이 영원토록 빛나리라
단 12:3

하나님은 모든 사람이 구원을 받으며 진리를 아는 데에 이르기를 원하시느니라
딤전 2:4

주 예수를 믿으라 그리하면 너와 네 집이 구원을 받으리라
행 16:31

아버지, 우리는 기도와 믿음으로 아버지 앞에 예수님의 이름으로 나갑니다. 예수님께서는 잃어버린 자를 구원하시러 오셨습니다. 아버지께서는 모든 사람이 구원을 얻으며 당신의 진리를 알기를 원하십니다. 그러므로 아버지여, 우리는 (　　　　)를 오늘 아버지 앞으로 인도합니다.

사탄아, 우리는 예수 이름으로 너를 묶고 (　　　　)의 삶 가운데서 행하는 모든 일로부터 너를 쫓아 버린다.

추수의 주인이신 아버지께서 특별한 방법으로 복음을 나눔으로써 그가 복음을 듣고 이해할 수 있도록 할 확실한 일꾼을 그의 앞길에 보내 주시기를 간구합니다. 주님의 일꾼이 그를 섬길 때 그가 복음을 깨닫게 되어 그를 포로로 잡고 있는 마귀의 올무에서 벗어나 예수님을 그의 삶의 주인으로 섬기게 될 것을 믿습니다.

주님의 말씀은 우리가 중보 기도하는 사람들을 구원하시겠다고 말씀하고 있습니다. 우리는 지금

이 순간부터 말씀 위에 섭니다. 아버지, 그의 구원에 대해 감사합니다.

  우리는 이 일을 아버지의 손에 맡겼습니다. 우리는 믿음으로 (　　　)가 구원받고, 성령 충만 받아, 말씀으로 충만해진 것을 바라봅니다. 아멘. 할렐루야!

  매일 이 기도를 한 후에 그의 구원에 대해 주님께 감사하십시오. 기뻐하십시오. 그리고 이 승리에 대해 하나님을 찬양하십시오. 사탄이 묶인 것을 그분께 감사하십시오. 할렐루야!

[참고 성경 구절]
눅 19:10, 딤후 2:26, 마 18:18, 욥 22:30, 마 9:38, 고후 4:4-6, 계 20:15, 계 21:27, 눅 13:1-5

Part Ⅱ 주제별 고백기도

평안의 고백기도

평안을 너희에게 끼치노니 곧 나의 평안을 너희에게 주노라 내가 너희에게 주는 것은 세상이 주는 것과 같지 아니하니라 너희는 마음에 근심하지도 말고 두려워하지도 말라
요 14:27

아무 것도 염려하지 말고 다만 모든 일에 기도와 간구로, 너희 구할 것을 감사함으로 하나님께 아뢰라 그리하면 모든 지각에 뛰어난 하나님의 평강이 그리스도 예수 안에서 너희 마음과 생각을 지키시리라

빌 4:6-7

하나님의 나라는 먹는 것과 마시는 것이 아니요 오직 성령 안에 있는 의와 평강과 희락이라
롬 14:17

항상 기뻐하라 쉬지 말고 기도하라 범사에 감사하라 이것이 그리스도 예수 안에서 너희를 향하신 하나님의 뜻이니라 성령을 소멸하지 말며 예언을 멸시하지 말고 범사에 헤아려 좋은 것을 취하고 악은 어떤 모양이라도 버리라 평강의 하나님이 친히 너희를 온전히 거룩하게 하시고 또 너희의 온 영과 혼과 몸이 우리 주 예수 그리스도께서 강림하실 때에 흠 없게 보전되기를 원하노라 너희를 부르시는 이는 미쁘시니 그가 또한 이루시리라 살전 5:16-24

주님, 저는 주님의 말씀을 사랑합니다. 주의 말씀을 사랑하는 자에게는 장애물이 없고 큰 평안이 있다고 하셨습니다. 그 평안은 성령으로 말미암아 우리에게 부은바 되었고 그 평안은 세상이 주는 것 같지 않으므로 나는 근심하거나 두려워할 필요가 없습니다.

나는 아무것도 염려하지 않고 모든 일에 기도와 간구로 나의 구할 것을 감사함으로 아버지께 아룁니다. 그렇게 할 때 내가 이해할 수 없는 하나님의 평강이 그리스도 예수 안에서 나의 마음과 생각을 지키심에 감사합니다.

주님을 찬양합니다. 주님의 나라는 먹고 마시는 것이 아니라 오직 성령 안에서 의와 평강과 희락이라고 하셨습니다. 아버지, 주님의 성령으로 계속 충만하게 채워주시옵소서. 나는 모든 사람들과의 관계에서 성령의 열매 중 하나인 평강의 열매를 더 풍성히 맺습니다.

주님이 내 안에 주신 이 평안은 세상이 준 것이 아니므로 세상이 빼앗아 갈 수 없습니다. 세상의 환경이나 상황이 내 평안을 빼앗아 갈 수 없습니다. 뿌리가 견고한 나를 주님께서 평강에서 평강으로 인도하시므로 내 안에 누리는 평안은 점점 증가됩니다. 평안은 언제나 내 안에 있습니다.

[참고 성경 구절]
시 119:165, 시 127:2, 사 26:3, 시 29:11

Part Ⅱ 주제별 고백기도

지혜와 인도함을 구하는 고백기도

그러나 진리의 성령이 오시면 그가 너희를 모든 진리 가운데로 인도하시리니 그가 스스로 말하지 않고 오직 들은 것을 말하며 장래 일을 너희에게 알리시리라

요 16:13

너는 마음을 다하여 여호와를 신뢰하고 네 명철을 의지하지 말라 잠 3:5

진리의 성령이 내 안에 계시사 나에게 모든 것을 가르치시며 그가 나를 모든 진리 가운데로 인도하십니다. 그러므로 나는 내가 만나는 모든 상황과 모든 환경을 내가 완벽하게 안다고 고백합니다. 나에게는

하나님의 지혜가 있습니다.요 16:13, 약 1:5

나는 마음을 다하여 여호와를 의뢰하고 내 명철을 의지하지 않습니다.잠 3:5

나는 범사에 하나님을 인정하며, 그러면 하나님은 나의 길을 지도하십니다.잠 3:6

하나님의 말씀은 내 발에 등이요 내 길에 빛입니다.시 119:105

여호와께서 나와 관계된 것을 완전하게 하실 것입니다.시 138:8

나는 그리스도의 말씀이 모든 지혜로 내 속에 풍성히 거하게 합니다.골 3:16

나는 선한 목자를 따르며 그의 음성을 압니다. 나는 타인의 음성을 따르지 않습니다.요 10:4-5

예수는 나에게 지혜와 의로움과 거룩함과 속량함이 되셨습니다. 그러므로 나에게는 하나님의 지혜가 있습니다. 나는 그리스도 예수 안에서 하나님의 의가 되었습니다.고전 1:30, 고후 5:21

나는 모든 신령한 지혜와 총명에 하나님의 뜻을

아는 지식으로 가득 차 있습니다.골 1:9

　나는 그리스도 안에서 새로운 피조물이며, 그리스도 예수 안에서 지음 받은 그의 작품입니다. 그러므로 나는 그리스도의 마음을 가졌으며 하나님의 지혜가 내 속에서 만들어집니다.고후 5:17, 엡 2:10, 고전 2:16

　나는 옛사람을 벗어버리고 새사람을 입었습니다. 나는 나를 창조하신 하나님의 형상을 좇아 지식에까지 새롭게 하심을 받은 자입니다.골 3:10

　나는 지혜와 계시의 영을 받아서 하나님을 알고 마음의 눈이 밝아졌습니다. 나는 이 세상을 본받지 않고 내 마음을 새롭게 함으로 변화를 받습니다. 나의 마음은 하나님의 말씀으로 새롭게 됩니다.엡 1:17-18, 롬 12:2

Part II 주제별 고백기도

어려움을 만날 때 승리의 고백기도

내 영혼을 소생시키시고 자기 이름을 위하여 의의 길로 인도하시는도다 시 23:3

다만 이뿐 아니라 우리가 환난 중에도 즐거워하나니 이는 환난은 인내를, 인내는 연단을, 연단은 소망을 이루는 줄 앎이로다 롬 5:3-4

너를 치려고 제조된 모든 연장이 쓸모가 없을 것이라 일어나 너를 대적하여 송사하는 모든 혀는 네게 정죄를 당하리니 이는 여호와의 종들의 기업이요 이는 그들이 내게서 얻은 공의라 여호와의 말씀이니라 사 54:17

무릇 하나님께로부터 난 자마다 세상을 이기느니라
세상을 이기는 승리는 이것이니 우리의 믿음이니라

요일 5:4

사람이 감당할 시험 밖에는 너희가 당한 것이 없나니 오직 하나님은 미쁘사 너희가 감당하지 못할 시험 당함을 허락하지 아니하시고 시험 당할 즈음에 또한 피할 길을 내사 너희로 능히 감당하게 하시느니라

고전 10:13

우리가 잠시 받는 환난의 경한 것이 지극히 크고 영원한 영광의 중한 것을 우리에게 이루게 함이니 우리가 주목하는 것은 보이는 것이 아니요 보이지 않는 것이니 보이는 것은 잠깐이요 보이지 않는 것은 영원함이라

고후 4:17-18

우리가 알거니와 하나님을 사랑하는 자 곧 그의 뜻대로 부르심을 입은 자들에게는 모든 것이 합력하여 선을 이루느니라

롬 8:28

주님께서 나의 목자이시므로 나는 부족함이 없습니다. 나는 고난을 만나면 기쁘게 여깁니다. 이 고난은 내게 인내를 주고, 인내는 연단을, 연단은 소망을 이루게 해 줄 것을 믿기 때문입니다. 롬 5:3-4

나를 해하려고 만들어진 어떠한 무기도 성공하지 못할 것입니다. 사 54:17

나는 어려움으로부터 빠져나갈 길을 발견하였습니다. 하나님께로부터 난 자마다 믿음으로 세상을 이깁니다. 나는 하나님께로부터 난 자이므로 세상을 이깁니다. 요일 5:4

나는 이 모든 일을 나를 사랑하시는 그분으로 말미암아 넉넉히 이깁니다. 나는 정복자보다 더한 자입니다. 롬 8:37

주가 나를 도우시니 사람이 내게 무엇을 하든지 나는 두려워하지 않습니다. 히 13:6

나는 굳건히 서서 문제를 대면합니다. 내게는 이 상황을 넉넉히 이길 능력이 있습니다. 하나님께서는 신실하셔서 내가 감당하지 못할 일은 허락하지 않으시며 어려움을 당할 때에 피할 길을 주셔서 내가 능히 감당하게 하십니다.

 나는 내가 겪는 가벼운 환란을 통하여 무거운 영적인 영원한 영광을 이루어 갑니다. 이 어려움은 오히려 나의 더 큰 성공을 이루는 발판입니다. 하나님의 뜻대로 부르심을 입은 자에게는 모든 것이 합력하여 선하게 쓰인다는 것을 나는 확실히 압니다.

Part Ⅱ 주제별 고백기도

두려움을 이기는 고백기도

누구든지 예수를 하나님의 아들이라 시인하면 하나님이 그의 안에 거하시고 그도 하나님 안에 거하느니라
요일 4:15

나는 예수님께서 하나님의 아들이심을 고백합니다. 그러므로 하나님이 내 안에 사십니다. 나는 하나님 안에 살고 있습니다.

하나님이 우리를 사랑하시는 사랑을 우리가 알고 믿었노니 하나님은 사랑이시라 사랑 안에 거하는 자는 하나님 안에 거하고 하나님도 그의 안에 거하시느니라
요일 4:16

하나님께서 나를 사랑하신다는 것을 나는 알고 있습니다. 하나님께서 나를 사랑하신다는 것을 나는 믿습니다. 하나님은 사랑이십니다. 나는 사랑의 삶을 삽니다. 나는 하나님 안에 거하고 하나님은 내 안에 거하십니다.

사랑 안에 두려움이 없고 온전한 사랑이 두려움을 내쫓나니 두려움에는 형벌이 있음이라 두려워하는 자는 사랑 안에서 온전히 이루지 못하였느니라

요일 4:18

하나님은 나를 온전히 사랑하십니다. 나는 하나님께서 나에게 나쁜 일을 하실까봐 두려워하지 않습니다. 하나님께서 나를 실제로 사랑하신다는 것을 나는 확신합니다. 하나님은 나를 너무나 사랑하시기 때문에 나를 이 상태에서 내버려두지 않으십니다. 나는 하나님을 완전히 신뢰합니다. 하나님께서 나를 먼저 사랑하셨기 때문에 나는 하나님을 사랑합니다.

여호와는 나의 빛이요 나의 구원이시니 내가 누구를 두려워하리요 여호와는 내 생명의 능력이시니 내가 누구를 무서워하리요 시 27:1

 주님은 나의 빛이며 나의 구원입니다. 주님은 생명의 힘이시므로 나는 아무도 두려워하지 않습니다. 나는 마귀를 이긴 자입니다. 나는 사람도 두려워하지 않습니다. 나는 사자처럼 담대합니다.

그런즉 이 일에 대하여 우리가 무슨 말 하리요 만일 하나님이 우리를 위하시면 누가 우리를 대적하리요 롬 8:31

 하나님은 내 편입니다. 누가 나를 대적하여 이길 수 있겠습니까? 아무도 없습니다. 나는 항상 승리합니다.

자기 아들을 아끼지 아니하시고 우리 모든 사람을 위하여 내주신 이가 어찌 그 아들과 함께 모든 것을 우리에게 주시지 아니하겠느냐 롬 8:32

하나님은 이미 내게 가장 좋은 것을 주셨습니다. 하나님은 예수님을 주셨습니다. 나는 부족함이 없습니다. 나는 넘치도록 많은 것을 가지고 있습니다.

내게 오는 자는 내가 결코 내쫓지 아니하리라   요 6:37

그가 친히 말씀하시기를 내가 결코 너희를 버리지 아니하고 너희를 떠나지 아니하리라 하셨느니라   히 13:5

나는 예수님께 나왔습니다. 예수님은 결코 나를 떠나지 않으십니다. 하나님은 결코 나를 버리지 않으십니다. 나는 예수님을 완전히 신뢰합니다. 예수님은 나의 공급자이십니다. 나는 충분히 가질 수 있을지 걱정하지 않습니다. 나는 언제나 넉넉합니다.

믿음으로 말미암아 그리스도께서 너희 마음에 계시게 하시옵고 너희가 사랑 가운데서 뿌리가 박히고 터가 굳어져서 능히 모든 성도와 함께 지식에 넘치는 그리스도의 사랑을 알고 그 너비와 길이와 높이와 깊이가 어떠함을 깨달아 하나님의 모든 충만하신 것으로 너희에게 충만하게 하시기를 구하노라　　엡 3:17-19

　나는 그리스도께서 내 안에 살고 계심을 믿습니다.
나는 사랑 가운데서 뿌리를 내리고 터를 잡았습니다.
나는 그리스도의 사랑을 이해하고 가지고 있습니다.
기름부음을 받은 분이 내 안에 살고 계십니다.

그런즉 너희는 하나님께 복종할지어다 마귀를 대적하라 그리하면 너희를 피하리라　　약 4:7

너를 치려고 제조된 모든 연장이 쓸모가 없을 것이라 일어나 너를 대적하여 송사하는 모든 혀는 네게 정죄를 당하리니 이는 여호와의 종들의 기업이요 이는 그들이 내게서 얻은 공의니라 여호와의 말씀이니라

사 54:17

나는 마귀를 두려워하지 않습니다. 내가 마귀를 대적하면 마귀는 피할 수밖에 없습니다. 마귀가 만든 어떤 전략이나 궤술도 내게는 무용지물입니다.

자녀들아 너희는 하나님께 속하였고 또 그들을 이기었나니 이는 너희 안에 계신 이가 세상에 있는 자보다 크심이라 요일 4:4

사람의 지혜와 세상의 지혜는 '삶은 오르락내리락 하는 것'이라고 말하지만, 나는 비록 세상에 살더라도 세상에 속한 자가 아니므로 앞으로 전진하고 위로 올라가기만 합니다. 내 삶에 후퇴나 퇴보는 없습니다.

나는 전진과 성공만을 생각합니다. 실패란 내 삶에 존재하지 않습니다. 나는 나를 이기게 하시는 그리스도 안에서 정복자보다 더한 자입니다. 롬 8:37 아무것도 나를 흔들 수 없고 바꿀 수 없습니다. 어떤 환경이나 어떤 사람의 말도 내가 성공하는 것을 방해할 수 없습니다. 성공은 내 안에 있기 때문입니다. 할렐루야!

Part Ⅱ 주제별 고백기도

하루를 시작하는 고백기도

하나님 아버지, 주 예수님 이름 안에서 내가 내어드리기만 하면 주님께서 내 상황들에 역사하시는 것을 믿습니다.

주님은 내 삶의 주인이십니다. 그러므로 나는 오늘 주님께서 주님이 예비하신 최고의 경로를 따라 나의 발걸음을 인도해 주시기를 기도합니다.

나는 오늘 주님께서 내게 만나도록 계획하신 사람들만 만날 것이며, 내가 듣도록 계획하신 것만 들을 것이며, 내가 말하도록 계획하신 것만 말할 것입니다.

나는 오늘 성령님의 기름부음 안에서 하나님의 자녀로서 기능합니다.

나는 오늘 예수 이름 안에서 빛 가운데 걷습니다.

오늘 제 삶에서 만나는 사람 중에 우연히 만난 사람은 없을 것입니다.

예수 이름으로 다스리는 영이 오늘 내 안에 역사합니다.

나는 두려움을 거절합니다. 내가 사망의 음침한 골짜기로 다닐지라도 해를 두려워하지 않을 것은 주께서 나와 함께 하시기 때문입니다. 주의 지팡이와 막대기가 나를 안위하십니다.

나는 오늘 실패를 거절합니다. 그리스도 예수 안에서 나는 승리자이기 때문입니다. 주 예수 이름으로 나는 정복자보다 더한 자입니다.

내 안에 주님의 임재가 함께하심을 감사합니다. 내 안에 탁월한 영이 역사하심을 감사합니다.

나는 어리석은 행동이나 어리석은 말을 하지 않습니다. 하나님의 지혜가 내 영을 지키며 성령님과의 교제가 나에게 지혜로운 모략을 주십니다.

나는 오늘 성령님을 통해 사람들을 대합니다. 주 예수의 이름으로 하나님의 눈으로 세상과 상황과 사람들을 봅니다.

 오, 주님 감사합니다. 모든 좋은 것들이 오늘 내 삶에 오게 해 주셔서 감사합니다. 나는 그것들을 주 예수의 이름 안에서 받습니다. 또한 나는 오늘도 주는 자입니다. 나는 예수 이름 안에서 축복을 주는 자입니다. 나를 만나는 사람은 복을 받습니다. 그리스도 안에 있는 나는 복의 근원입니다.

 나는 오늘 나의 몸을 주님께 내어드립니다. 내 몸의 모든 조직과 모든 뼈들을 성령님께 내어드립니다.

 나는 오늘 주님의 살아 있는 성전입니다. 주님, 나를 통해 말씀하시고, 나를 통해 움직이시며, 나를 통해 역사하시고, 내 안에서 말씀하시옵소서. 내가 그 말씀에 순종하겠습니다.

 신성한 건강이 내 안에 있습니다. 나는 내 몸에 질병이나 약함이나 고통이 있는 것을 거부합니다. 내 몸의 모든 세포 조직이 하나님의 생명으로 채워졌습니다. 나는 예수 이름으로 신성한 건강을 누립니다. 하나님께 영광 돌립니다.

주님, 명철의 영과 지식의 영이 내 안에 역사하는 것으로 인해 주님께 감사드립니다. 나는 오늘도 주님의 말씀을 공부하고 그것을 이해합니다. 하나님의 말씀을 보고 들을 때 나는 그 말씀을 이해하고, 그 말씀은 내 안에서 역사할 것이며, 내 입은 그것들을 계속 말할 것입니다. 나는 오늘도 내가 받은 계시들과 하나님의 일들에 대해 담대하게 말할 것입니다.

열방이 나를 기다리고 있으며, 나는 지금 그곳을 향해 가고 있습니다. 주님께서 나를 보내셨습니다. 나는 주님으로부터 보내심을 받은 자입니다. 나는 세상에 전할 메시지를 가지고 있고, 그들은 그것을 들을 것입니다. 세상이여, 기대하라! 내가 가고 있다!

• 가족을 위해

주님, 귀한 자녀로 인하여 감사드립니다. 주님의 기름부음이 그들 위에 있습니다. 그들은 하나님의 뜻으로만 살 것입니다. 그들은 하나님의 일만 할 것입니다. 그들은 하나님의 말씀으로만 살 것입니다.

예수 이름으로!

어떤 악한 세력도 그들을 건드릴 수 없습니다.

하나님 아버지 감사합니다. 지혜가 내 아내(남편)의 입에 있고 그의 심령에 있습니다. 내 아내(남편)은 오늘도 하나님 안에서 기능합니다.

• **직원들을 위해**

나는 나의 직원 하나하나를 위해 예수 이름으로 기도합니다. 그들은 하나님의 뜻으로만, 하나님의 생각으로만 살 것입니다. 그들이 움직이는 모든 길에서 아무도 해를 입지 않을 것입니다. 하나님의 말씀이 그들의 심령에 있고 또 그들의 입에 있습니다. 예수 이름으로!

나는 오늘도 성령님과 함께 힘차게 시작합니다. 그리스도 안에서, 그 기름부음으로 말미암아 모든 것을 할 수 있습니다. 나는 오늘 내가 만나는 모든 일에 승리합니다. 나는 오늘도 전진하며 승리합니다. 영광의 왕을 찬양합니다. 할렐루야!

• 셀 식구들을 위해

주님, 주님께서 제게 보내주신 사랑하는 우리 셀 식구들을 위해 예수 이름으로 축복하고 기도합니다. 그들은 오늘 하루도 주 안에서 그리스도와 함께 동행할 것입니다. 그들 안에 있는 말씀이 살아서 역사하며 성령님께서 그들을 인도하시고 계시하실 때 그들은 민감하게 반응하며 영광에서 영광으로 능력에서 능력으로 전진합니다. 그들은 오늘 하나님께서 예비하신 최고의 축복의 길로 행할 것입니다. 하나님께서 예비하신 사람들을 만나 최고의 호의를 받을 뿐만 아니라 만나는 사람들에게 축복이 될 것입니다. 그들에게는 영혼구원의 길이 열립니다. 그들은 성장하고 승진하며 전진합니다. 그들이 가는 곳마다 하나님의 기름부음이 함께하므로 그들은 승리의 보고로 오늘 하루를 마칠 것을 예수 이름으로 선포합니다.

Part Ⅲ

부록

"오늘 내가 네게 명하는 이 말씀을
너는 마음에 새기고 네 자녀에게 부지런히 가르치며
집에 앉았을 때에든지 길을 갈 때에든지
누워 있을 때에든지 일어날 때에든지 이 말씀을 강론할 것이며
너는 또 그것을 네 손목에 매어 기호를 삼으며 네 미간에 붙여
표로 삼고 또 네 집 문설주와 바깥 문에 기록할지니라"

신 6:6-9

Part Ⅲ 부록

믿음의 반석 고백기도*

1. 자유함

너희가 내 말에 거하면 참으로 내 제자가 되고 진리를 알지니 진리가 너희를 자유롭게 하리라 요 8:31-32

그들을 진리로 거룩하게 하옵소서 아버지의 말씀은 진리니이다 요 17:17

나는 하나님의 말씀을 율법적인 생각으로 받지 않고, 하나님의 은혜로 받기를 원합니다. 내 안에

---

*이 고백기도는 저자가 그리스도의 대사들 교회의 양육반 과정에서 사용하는 「믿음의 반석」 교재의 암송구절과 고백을 수록한 것입니다.

율법적인 사고와 판단하는 습관을 예수님의 이름으로 거절합니다.

나는 도덕적인 기준으로 하나님의 말씀을 보지 않습니다. 나는 복음의 눈으로 모든 성경을 보고 이해합니다.

나는 나의 경험과 세상 이론과 지식으로 성경을 해석하지 않습니다. 이런 것들이 하나님의 말씀의 권위보다 위에 있는 것을 나는 거절합니다.

나는 진리인 하나님의 말씀대로 생각하고 말하고 행동함으로 그 진리가 나를 자유롭게 하는 것을 믿습니다.

우리를 사랑하사 그의 피로 우리 죄에서 우리를 해방하시고 그의 아버지 하나님을 위하여 우리를 나라와 제사장으로 삼으신 그에게 영광과 능력이 세세토록 있기를 원하노라 아멘

계 1:5-6

2. 신앙고백

주는 그리스도시요 살아 계신 하나님의 아들이시니이다 마 16:16

영접하는 자 곧 그 이름을 믿는 자들에게는 하나님의 자녀가 되는 권세를 주셨으니 요 1:12

허물로 죽은 우리를 그리스도와 함께 살리셨고 (너희는 은혜로 구원을 받은 것이라) 또 함께 일으키사 그리스도 예수 안에서 함께 하늘에 앉히시니 엡 2:5-6

　나는 그리스도를 영접함으로 새로운 피조물로 거듭났습니다. 나는 거듭남으로 그리스도 예수와 함께 권세의 자리에 앉게 되었습니다. 이제 나는 모든 사건과 환경을 말씀을 통해 바라보며 믿음으로 선포하며 다스릴 것을 선포합니다.

3. 그리스도인은 누구인가

• 새로운 피조물로 기능하는 사람

그런즉 누구든지 그리스도 안에 있으면 새로운 피조물이라 이전 것은 지나갔으니 보라 새 것이 되었도다
고후 5:17

• 하나님의 생명으로 사는 사람

또 증거는 이것이니 하나님이 우리에게 영생을 주신 것과 이 생명이 그의 아들 안에 있는 그것이니라 아들이 있는 자에게는 생명이 있고 하나님의 아들이 없는 자에게는 생명이 없느니라
요일 5:11-12

• 세상을 이기고 다스리는 사람

자녀들아 너희는 하나님께 속하였고 또 그들을 이기었나니 이는 너희 안에 계신 이가 세상에 있는 자보다 크심이라
요일 4:4

• 믿음으로 사는 사람

그런즉 누구든지 그리스도 안에 있으면 새로운 피조물이라 이전 것은 지나갔으니 보라 새 것이 되었도다

고후 5:17

주께서 이르시되 너희에게 겨자씨 한 알만한 믿음이 있었더라면 이 뽕나무더러 뿌리가 뽑혀 바다에 심기어라 하였을 것이요 그것이 너희에게 순종하였으리라

눅 17:6

• 하나님의 의로 의롭게 된 사람

그리스도 예수 안에 있는 속량으로 말미암아 하나님의 은혜로 값 없이 의롭다 하심을 얻은 자 되었느니라

롬 3:24

예수는 우리가 범죄한 것 때문에 내줌이 되고 또한 우리를 의롭다 하시기 위하여 살아나셨느니라 롬 4:25

한 사람의 범죄로 말미암아 사망이 그 한 사람을 통하여 왕 노릇 하였은즉 더욱 은혜와 의의 선물을 넘치게 받는 자들은 한 분 예수 그리스도를 통하여 생명 안에서 왕 노릇 하리로다 롬 5:17

그리스도인인 나는 영생을 가지고 있습니다. 이 조에 생명은 생명을 주는 영입니다. 그러므로 어떤 질병도 내 몸에 머무를 수 없습니다. 마음에 들지 않는 환경을 만나면 나는 믿음으로 선언함으로 상황을 변화시킵니다.

그리스도인인 나는 사탄보다 우세합니다.

나는 믿음을 가지고 있습니다.

나는 의인입니다. 의는 나의 본성입니다.

나는 나의 행동과 상관없이 언제나 아무 정죄감이나 열등감 없이 하나님의 임재 안에 설 수 있습니다.

내게는 모든 일을 탁월하게 할 수 있는 은혜가 있습니다.

나는 하나님의 실제적 아들이 되었으므로 예수님

께서 이 땅에서 사셨던 것같이 나도 이 땅에서 모든 것을 다스리며 살아갑니다.

  나는 하나님의 의입니다.

  나는 하나님의 선하심의 트로피입니다.

4. 기도

너희가 내 이름으로 무엇을 구하든지 내가 행하리니 이는 아버지로 하여금 아들로 말미암아 영광을 받으시게 하려 함이라 내 이름으로 무엇이든지 내게 구하면 내가 행하리라   요 14:13-14

너희가 내 안에 거하고 내 말이 너희 안에 거하면 무엇이든지 원하는 대로 구하라 그리하면 이루리라
                                                  요 15:7

너희가 나를 택한 것이 아니요 내가 너희를 택하여 세웠나니 이는 너희로 가서 열매를 맺게 하고 또 너희 열매가 항상 있게 하여 내 이름으로 아버지께 무엇을 구하든지 다 받게 하려 함이라   요 15:16

  하나님께서는 내 기도를 응답해 주시려고 나를 임명하여 세우셨습니다.

나는 오늘도 필요한 것을 하나님의 말씀을 따라 예수 이름으로 기도하고 구한 것을 받은 줄로 믿습니다. 하나님은 신실하시므로 내 기도는 언제나 응답됩니다.

5. 성령 인도

보혜사 곧 아버지께서 내 이름으로 보내실 성령 그가 너희에게 모든 것을 가르치고 내가 너희에게 말한 모든 것을 생각나게 하리라   요 14:26

내 양은 내 음성을 들으며 나는 그들을 알며 그들은 나를 따르느니라   요 10:27

무릇 하나님의 영으로 인도함을 받는 사람은 곧 하나님의 아들이라   롬 8:14

   나는 주님의 양이므로 주님의 음성을 들을 수 있습니다. 주님은 오늘도 내 안에 계셔서 내가 맡기고 내놓는 모든 일에 나를 여러 가지 방법으로 인도하십니다. 나는 내 삶의 더 많은 부분을 주님께 맡기고 인도받음으로써 더 풍성한 그리스도인의 삶을 누리며 삽니다.

6. 신앙의 기본 교리 Ⅰ

모든 성경은 하나님의 감동으로 된 것으로 교훈과 책망과 바르게 함과 의로 교육하기에 유익하니 　딤후 3:16

자녀들아 너희는 하나님께 속하였고 또 그들을 이기었나니 이는 너희 안에 계신 이가 세상에 있는 자보다 크심이라 　요일 4:4

그런즉 너희는 하나님께 복종할지어다 마귀를 대적하라 그리하면 너희를 피하리라 　약 4:7

　나는 이 세상 우주 만물을 다스리시는 하나님의 주권과 예수 그리스도의 속량을 믿으며 지금도 살아 역사하시며 나를 도우시는 성령님을 의지합니다.
　나는 성경의 모든 말씀이 하나님의 감동으로 쓰인 것과 변함없는 진리임을 믿으며 진리이신 하나님의 말씀을 따라 생각하고 말하고 살아갈 것을 선포합니다. 나는 사탄이 무장해제 받은 적임을 알고 마귀의 속임수와 거짓말을 하나님의 말씀으로 대적하여 늘 이길 수 있습니다. 우리 그리스도인에게 마귀의 도둑질하고 멸망시키는 모든 역사는 불법임을 선포합니다.

7. 신앙의 기본 교리 Ⅱ

오직 성령이 너희에게 임하시면 너희가 권능을 받고 예루살렘과 온 유대와 사마리아와 땅 끝까지 이르러 내 증인이 되리라 하시니라 행 1:8

나는 그리스도인에게 우연이 없음을 믿으므로 예배 때 최선을 다하며 모든 만남과 모든 사건 안에서 하나님의 뜻을 이루며 순간순간 최선을 다하며 살아갑니다.

주님은 나의 모든 것을 아시므로 나는 사람에게 받는 칭찬이나 비난에 연연하지 않고, 우주 만물을 다스리시는 하나님을 늘 인식하며 그분께만 인정받기를 소원합니다.

나는 영이며 혼을 가지고 있고 육체 안에 삽니다. 나는 말씀을 고백함으로 내 혼이 영의 지배를 받게 하며, 내 육체는 새로워진 내 혼에 순종하므로 나는 언제나 의의 무기가 됩니다.

그리스도인인 나는 이제 나만을 위해 살지 않고 하나님의 영광을 위해, 남의 유익을 위해, 복음 전파를 위해 방향을 맞추고 지혜롭게 승리하며 살아가는 행복한 순례자입니다.

8. 하나님의 성품

도둑이 오는 것은 도둑질하고 죽이고 멸망시키려는 것뿐이요 내가 온 것은 양으로 생명을 얻게 하고 더 풍성히 얻게 하려는 것이라　　　　　　　요 10:10

　하나님은 선하신 분이며 마귀는 악한 자입니다. 나는 하나님의 선하심과 전능하심과 공의로우심을 믿습니다. 하나님은 신실하시므로 오늘도 변함없이 내가 약속의 말씀을 붙들기만 하면 하나님은 약속대로 역사하십니다.

　나는 하나님이 사랑이시며 또한 우리에게 늘 자유를 주시는 분이심을 믿으므로 오늘도 하나님의 말씀에 기쁨으로 순종하며 살아갑니다.

　하나님은 과거나 현재나 미래가 동일하시며 외모로 사람을 취하지 아니하시므로, 오늘도 신약은 물론이고 구약의 의인들에게 주신 모든 말씀들을 내가 믿음으로 붙들 때 하나님은 내게도 동일하게 역사하십니다.

9. 성령의 아홉 가지 은사

은사는 여러 가지나 성령은 같고 직분은 여러 가지나 주는 같으며 또 사역은 여러 가지나 모든 것을 모든 사람 가운데서 이루시는 하나님은 같으니 각 사람에게 성령을 나타내심은 유익하게 하려 하심이라

고전 12:4-7

너희는 더욱 큰 은사를 사모하라 내가 또한 가장 좋은 길을 너희에게 보이리라 고전 12:31

나는 오늘도 성령의 은사를 사모합니다. 지식의 말씀과 지혜의 말씀, 영분별의 은사와 병 고치는 은사와 믿음의 은사와 능력 행함, 방언, 예언, 방언 통역이 내 삶과 우리 셀과 우리 교회에 풍성히 나타나 능력 있는 그리스도인, 능력 있는 교회가 되기를 사모합니다.

10. 믿음

그러므로 믿음은 들음에서 나며 들음은 그리스도의 말씀으로 말미암았느니라 　　　　　　　　롬 10:17

믿음이 없이는 하나님을 기쁘시게 하지 못하나니 하나님께 나아가는 자는 반드시 그가 계신 것과 또한 그가 자기를 찾는 자들에게 상 주시는 이심을 믿어야 할지니라 　　　　　　　　　　　　　　히 11:6

이는 우리가 믿음으로 행하고 보는 것으로 행하지 아니함이로라 　　　　　　　　　　　　　고후 5:7

나의 의인은 믿음으로 말미암아 살리라 또한 뒤로 물러가면 내 마음이 그를 기뻐하지 아니하리라 하셨느니라 　　　　　　　　　　　　　　히 10:38

나는 오늘도 하나님이 주신 약속들을 믿음으로

축복들을 찾아 누립니다. 믿음은 하나님의 말씀을 들을 때 생기며 또한 그것들을 고백할 때 역사하게 됩니다. 나는 보는 것으로 살지 않고 믿음으로 살아 갑니다. 나의 믿음은 매일매일 증가되고 있습니다.

11. 영적 성장

이는 성도를 온전하게 하여 봉사의 일을 하게 하며 그리스도의 몸을 세우려 하심이라　　　　　　　엡 4:12

우리가 다 수건을 벗은 얼굴로 거울을 보는 것 같이 주의 영광을 보매 그와 같은 형상으로 변화하여 영광에서 영광에 이르니 곧 주의 영으로 말미암음이니라
　　　　　　　　　　　　　　　　　　　　고후 3:18

　나는 오늘도 겸손한 영teachable spirit으로 새 피조물에 대한 하나님의 말씀을 받아들이고, 의의 말씀을 삶에 적용하고 인내함으로 매일매일 영적으로 성장합니다. 나는 성경 말씀대로 예수 그리스도의 장성한 분량에 이를 때까지 만족하지 않고 매일 자유케 하는 온전한 법을 들여다봄으로 성령님으로 말미암아 영광에서 영광으로 변모되어 가며 시절을 좇아 열매를 맺는 가지입니다.

12. 부르심의 소망

아버지께서 나를 세상에 보내신 것 같이 나도 그들을 세상에 보내었고   요 17:18

그러므로 누구든지 이런 것에서 자기를 깨끗하게 하면 귀히 쓰는 그릇이 되어 거룩하고 주인의 쓰심에 합당하며 모든 선한 일에 준비함이 되리라   딤후 2:21

그리고 맡은 자들에게 구할 것은 충성이니라   고전 4:2

   나는 이 세상에 살지만 이 세상에 속한 자가 아닙니다. 하늘나라에 속한 자로 예수님의 빛을 전달하며 이 세상에서 살아갑니다. 나는 오늘도 내가 맡은 작은 일에 충성할 때 내 안에 계신 성령께서 나를 최고의 부르심까지 인도하실 것을 믿으며, 예수님을 주인으로 모시는 자원하는 종으로 매일 그분의 음성에 순종하며 살아가는 순례자입니다.

Part Ⅲ 부록

시편 고백기도

시 1:1-3

¹복 있는 사람은 악인들의 꾀를 따르지 아니하며 죄인들의 길에 서지 아니하며 오만한 자들의 자리에 앉지 아니하고
²오직 여호와의 율법을 즐거워하여 그의 율법을 주야로 묵상하는도다
³그는 시냇가에 심은 나무가 철을 따라 열매를 맺으며 그 잎사귀가 마르지 아니함 같으니 그가 하는 모든 일이 다 형통하리로다

시 23편

¹여호와는 나의 목자시니 내게 부족함이 없으리로다
²그가 나를 푸른 풀밭에 누이시며 쉴 만한 물 가로 인도하시는도다

³내 영혼을 소생시키시고 자기 이름을 위하여 의의 길로 인도하시는도다
⁴내가 사망의 음침한 골짜기로 다닐지라도 해를 두려워하지 않을 것은 주께서 나와 함께 하심이라 주의 지팡이와 막대기가 나를 안위하시나이다
⁵주께서 내 원수의 목전에서 내게 상을 차려 주시고 기름을 내 머리에 부으셨으니 내 잔이 넘치나이다
⁶내 평생에 선하심과 인자하심이 반드시 나를 따르리니 내가 여호와의 집에 영원히 살리로다

시 91편

¹지존자의 은밀한 곳에 거주하며 전능자의 그늘 아래에 사는 자여
²나는 여호와를 향하여 말하기를 그는 나의 피난처요 나의 요새요 내가 의뢰하는 하나님이라 하리니
³이는 그가 너를 새 사냥꾼의 올무에서와 심한 전염병에서 건지실 것임이로다
⁴그가 너를 그의 깃으로 덮으시리니 네가 그의 날개

아래에 피하리로다 그의 진실함은 방패와 손 방패가 되시나니

5 너는 밤에 찾아오는 공포와 낮에 날아드는 화살과
6 어두울 때 퍼지는 전염병과 밝을 때 닥쳐오는 재앙을 두려워하지 아니하리로다
7 천 명이 네 왼쪽에서, 만 명이 네 오른쪽에서 엎드러지나 이 재앙이 네게 가까이 하지 못하리로다
8 오직 너는 똑똑히 보리니 악인들의 보응을 네가 보리로다
9 네가 말하기를 여호와는 나의 피난처시라 하고 지존자를 너의 거처로 삼았으므로
10 화가 네게 미치지 못하며 재앙이 네 장막에 가까이 오지 못하리니
11 그가 너를 위하여 그의 천사들을 명령하사 네 모든 길에서 너를 지키게 하심이라
12 그들이 그들의 손으로 너를 붙들어 발이 돌에 부딪히지 아니하게 하리로다
13 네가 사자와 독사를 밟으며 젊은 사자와 뱀을 발로 누르리로다

14 하나님이 이르시되 그가 나를 사랑한즉 내가 그를 건지리라 그가 내 이름을 안즉 내가 그를 높이리라
15 그가 내게 간구하리니 내가 그에게 응답하리라 그들이 환난 당할 때에 내가 그와 함께 하여 그를 건지고 영화롭게 하리라
16 내가 그를 장수하게 함으로 그를 만족하게 하며 나의 구원을 그에게 보이리라 하시도다

시 103:1-5
1 내 영혼아 여호와를 송축하라 내 속에 있는 것들아 다 그의 거룩한 이름을 송축하라
2 내 영혼아 여호와를 송축하며 그의 모든 은택을 잊지 말지어다
3 그가 네 모든 죄악을 사하시며 네 모든 병을 고치시며
4 네 생명을 파멸에서 속량하시고 인자와 긍휼로 관을 씌우시며
5 좋은 것으로 네 소원을 만족하게 하사 네 청춘을 독수리 같이 새롭게 하시는도다

시 127편

1 여호와께서 집을 세우지 아니하시면 세우는 자의 수고가 헛되며 여호와께서 성을 지키지 아니하시면 파수꾼의 깨어 있음이 헛되도다
2 너희가 일찍이 일어나고 늦게 누우며 수고의 떡을 먹음이 헛되도다 그러므로 여호와께서 그의 사랑하시는 자에게는 잠을 주시는도다
3 보라 자식들은 여호와의 기업이요 태의 열매는 그의 상급이로다
4 젊은 자의 자식은 장사의 수중의 화살 같으니
5 이것이 그의 화살통에 가득한 자는 복되도다 그들이 성문에서 그들의 원수와 담판할 때에 수치를 당하지 아니하리로다

시 128편

1 여호와를 경외하며 그의 길을 걷는 자마다 복이 있도다
2 네가 네 손이 수고한 대로 먹을 것이라 네가 복되고 형통하리로다

³ 네 집 안방에 있는 네 아내는 결실한 포도나무 같으며 네 식탁에 둘러 앉은 자식들은 어린 감람나무 같으리로다
⁴ 여호와를 경외하는 자는 이같이 복을 얻으리로다
⁵ 여호와께서 시온에서 네게 복을 주실지어다 너는 평생에 예루살렘의 번영을 보며
⁶ 네 자식의 자식을 볼지어다 이스라엘에게 평강이 있을지로다

시 133편

¹ 보라 형제가 연합하여 동거함이 어찌 그리 선하고 아름다운고
² 머리에 있는 보배로운 기름이 수염 곧 아론의 수염에 흘러서 그의 옷깃까지 내림 같고
³ 헐몬의 이슬이 시온의 산들에 내림 같도다 거기서 여호와께서 복을 명령하셨나니 곧 영생이로다

Part Ⅲ 부록

로마서 8장 고백기도

¹그러므로 이제 그리스도 예수 안에 있는 자에게는 결코 정죄함이 없나니
²이는 그리스도 예수 안에 있는 생명의 성령의 법이 죄와 사망의 법에서 너를 해방하였음이라
³율법이 육신으로 말미암아 연약하여 할 수 없는 그것을 하나님은 하시나니 곧 죄로 말미암아 자기 아들을 죄 있는 육신의 모양으로 보내어 육신에 죄를 정하사
⁴육신을 따르지 않고 그 영을 따라 행하는 우리에게 율법의 요구가 이루어지게 하려 하심이니라
⁵육신을 따르는 자는 육신의 일을, 영을 따르는 자는 영의 일을 생각하나니

⁶육신의 생각은 사망이요 영의 생각은 생명과 평안이니라

⁷육신의 생각은 하나님과 원수가 되나니 이는 하나님의 법에 굴복하지 아니할 뿐 아니라 할 수도 없음이라

⁸육신에 있는 자들은 하나님을 기쁘시게 할 수 없느니라

⁹만일 너희 속에 하나님의 영이 거하시면 너희가 육신에 있지 아니하고 영에 있나니 누구든지 그리스도의 영이 없으면 그리스도의 사람이 아니라

¹⁰또 그리스도께서 너희 안에 계시면 몸은 죄로 말미암아 죽은 것이나 영은 의로 말미암아 살아 있는 것이니라

¹¹예수를 죽은 자 가운데서 살리신 이의 영이 너희 안에 거하시면 그리스도 예수를 죽은 자 가운데서 살리신 이가 너희 안에 거하시는 그의 영으로 말미암아 너희 죽을 몸도 살리시리라

¹²그러므로 형제들아 우리가 빚진 자로되 육신에게 져서 육신대로 살 것이 아니니라

13 너희가 육신대로 살면 반드시 죽을 것이로되 영으로써 몸의 행실을 죽이면 살리니
14 무릇 하나님의 영으로 인도함을 받는 사람은 곧 하나님의 아들이라
15 너희는 다시 무서워하는 종의 영을 받지 아니하고 양자의 영을 받았으므로 우리가 아빠 아버지라고 부르짖느니라
16 성령이 친히 우리의 영과 더불어 우리가 하나님의 자녀인 것을 증언하시나니
17 자녀이면 또한 상속자 곧 하나님의 상속자요 그리스도와 함께 한 상속자니 우리가 그와 함께 영광을 받기 위하여 고난도 함께 받아야 할 것이니라
18 생각하건대 현재의 고난은 장차 우리에게 나타날 영광과 비교할 수 없도다
19 피조물이 고대하는 바는 하나님의 아들들이 나타나는 것이니
20 피조물이 허무한 데 굴복하는 것은 자기 뜻이 아니요 오직 굴복하게 하시는 이로 말미암음이라

²¹ 그 바라는 것은 피조물도 썩어짐의 종 노릇 한 데서 해방되어 하나님의 자녀들의 영광의 자유에 이르는 것이니라

²² 피조물이 다 이제까지 함께 탄식하며 함께 고통을 겪고 있는 것을 우리가 아느니라

²³ 그뿐 아니라 또한 우리 곧 성령의 처음 익은 열매를 받은 우리까지도 속으로 탄식하여 양자 될 것 곧 우리 몸의 속량을 기다리느니라

²⁴ 우리가 소망으로 구원을 얻었으매 보이는 소망이 소망이 아니니 보는 것을 누가 바라리요

²⁵ 만일 우리가 보지 못하는 것을 바라면 참음으로 기다릴지니라

²⁶ 이와 같이 성령도 우리의 연약함을 도우시나니 우리는 마땅히 기도할 바를 알지 못하나 오직 성령이 말할 수 없는 탄식으로 우리를 위하여 친히 간구하시느니라

²⁷ 마음을 살피시는 이가 성령의 생각을 아시나니 이는 성령이 하나님의 뜻대로 성도를 위하여 간구하심이니라

²⁸우리가 알거니와 하나님을 사랑하는 자 곧 그의 뜻대로 부르심을 입은 자들에게는 모든 것이 합력하여 선을 이루느니라

²⁹하나님이 미리 아신 자들을 또한 그 아들의 형상을 본받게 하기 위하여 미리 정하셨으니 이는 그로 많은 형제 중에서 맏아들이 되게 하려 하심이니라

³⁰또 미리 정하신 그들을 또한 부르시고 부르신 그들을 또한 의롭다 하시고 의롭다 하신 그들을 또한 영화롭게 하셨느니라

³¹그런즉 이 일에 대하여 우리가 무슨 말 하리요 만일 하나님이 우리를 위하시면 누가 우리를 대적하리요

³²자기 아들을 아끼지 아니하시고 우리 모든 사람을 위하여 내주신 이가 어찌 그 아들과 함께 모든 것을 우리에게 주시지 아니하겠느냐

³³누가 능히 하나님께서 택하신 자들을 고발하리요 의롭다 하신 이는 하나님이시니

³⁴누가 정죄하리요 죽으실 뿐 아니라 다시 살아나신 이는 그리스도 예수시니 그는 하나님 우편에 계신

자요 우리를 위하여 간구하시는 자시니라

35 누가 우리를 그리스도의 사랑에서 끊으리요 환난이나 곤고나 박해나 기근이나 적신이나 위험이나 칼이랴

36 기록된 바 우리가 종일 주를 위하여 죽임을 당하게 되며 도살 당할 양 같이 여김을 받았나이다 함과 같으니라

37 그러나 이 모든 일에 우리를 사랑하시는 이로 말미암아 우리가 넉넉히 이기느니라

38 내가 확신하노니 사망이나 생명이나 천사들이나 권세자들이나 현재 일이나 장래 일이나 능력이나

39 높음이나 깊음이나 다른 어떤 피조물이라도 우리를 우리 주 그리스도 예수 안에 있는 하나님의 사랑에서 끊을 수 없으리라

Part III 부록

이사야 60장 고백기도

1 일어나라 빛을 발하라 이는 네 빛이 이르렀고 여호와의 영광이 네 위에 임하였음이니라
2 보라 어둠이 땅을 덮을 것이며 캄캄함이 만민을 가리려니와 오직 여호와께서 네 위에 임하실 것이며 그의 영광이 네 위에 나타나리니
3 나라들은 네 빛으로, 왕들은 비치는 네 광명으로 나아오리라
4 네 눈을 들어 사방을 보라 무리가 다 모여 네게로 오느니라 네 아들들은 먼 곳에서 오겠고 네 딸들은 안기어 올 것이라
5 그 때에 네가 보고 기쁜 빛을 내며 네 마음이 놀라고 또 화창하리니 이는 바다의 부가 네게로 돌아오며

이방 나라들의 재물이 네게로 옴이라

6 허다한 낙타, 미디안과 에바의 어린 낙타가 네 가운데에 가득할 것이며 스바 사람들은 다 금과 유향을 가지고 와서 여호와의 찬송을 전파할 것이며

7 게달의 양 무리는 다 네게로 모일 것이요 느바욧의 숫양은 네게 공급되고 내 제단에 올라 기꺼이 받음이 되리니 내가 내 영광의 집을 영화롭게 하리라 아름다운 집을 아름답게 하리라

8 저 구름 같이, 비둘기들이 그 보금자리로 날아가는 것 같이 날아오는 자들이 누구냐

9 곧 섬들이 나를 앙망하고 다시스의 배들이 먼저 이르되 먼 곳에서 네 자손과 그들의 은금을 아울러 싣고 와서 네 하나님 여호와의 이름에 드리려 하며 이스라엘의 거룩한 이에게 드리려 하는 자들이라 이는 내가 너를 영화롭게 하였음이라

10 내가 노하여 너를 쳤으나 이제는 나의 은혜로 너를 불쌍히 여겼은즉 이방인들이 네 성벽을 쌓을 것이요 그들의 왕들이 너를 섬길 것이며

11 네 성문이 항상 열려 주야로 닫히지 아니하리니 이는 사람들이 네게로 이방 나라들의 재물을 가져오며 그들의 왕들을 포로로 이끌어 옴이라

12 너를 섬기지 아니하는 백성과 나라는 파멸하리니 그 백성들은 반드시 진멸되리라

13 레바논의 영광 곧 잣나무와 소나무와 황양목이 함께 네게 이르러 내 거룩한 곳을 아름답게 할 것이며 내가 나의 발 둘 곳을 영화롭게 할 것이라

14 너를 괴롭히던 자의 자손이 몸을 굽혀 네게 나아오며 너를 멸시하던 모든 자가 네 발 아래에 엎드려 너를 일컬어 여호와의 성읍이라, 이스라엘의 거룩한 이의 시온이라 하리라

15 전에는 네가 버림을 당하며 미움을 당하였으므로 네게로 가는 자가 없었으나 이제는 내가 너를 영원한 아름다움과 대대의 기쁨이 되게 하리니

16 네가 이방 나라들의 젖을 빨며 뭇 왕의 젖을 빨고 나 여호와는 네 구원자, 네 구속자, 야곱의 전능자인 줄 알리라

17 내가 금을 가지고 놋을 대신하며 은을 가지고 철을 대신하며 놋으로 나무를 대신하며 철로 돌을 대신하며 화평을 세워 관원으로 삼으며 공의를 세워 감독으로 삼으리니

18 다시는 강포한 일이 네 땅에 들리지 않을 것이요 황폐와 파멸이 네 국경 안에 다시 없을 것이며 네가 네 성벽을 구원이라, 네 성문을 찬송이라 부를 것이라

19 다시는 낮에 해가 네 빛이 되지 아니하며 달도 네게 빛을 비추지 않을 것이요 오직 여호와가 네게 영원한 빛이 되며 네 하나님이 네 영광이 되리니

20 다시는 네 해가 지지 아니하며 네 달이 물러가지 아니할 것은 여호와가 네 영원한 빛이 되고 네 슬픔의 날이 끝날 것임이라

21 네 백성이 다 의롭게 되어 영원히 땅을 차지하리니 그들은 내가 심은 가지요 내가 손으로 만든 것으로서 나의 영광을 나타낼 것인즉

22 그 작은 자가 천 명을 이루겠고 그 약한 자가 강국을 이룰 것이라 때가 되면 나 여호와가 속히 이루리라

Part IV

고백기도의 원리 이해

내 아들아 내 말에 주의하며;
My son, pay attention to what I say;

내가 말하는 것에 네 귀를 기울이라.
listen closely to my words.

그것을 네 눈에서 떠나게 하지 말며,
Do not let them out of your sight,

네 마음 속에 지키라;
keep them within your heart;

그것은 얻는 자에게 생명이 되며 그의 온 육체의 건강이 됨이니라 잠 4:20-22
for they are life to those who find them and health to a man's whole body(NIV).

아픈 사람이 의사가 처방해준 약을 잘 복용하는 것처럼, 그리스도인은 하나님의 말씀대로 말씀을 잘 복용한다면 반드시 말씀의 효과를 맛보며 살 수 있습니다. 잠언 4장 20-22절은 하나님의 말씀을 취하는 방법을 알려 줍니다. 부모가 자녀에게 훈계하는 말로 된 이 말씀은 그리스도인들이 어떻게 하나님의 말씀을 읽고, 공부하고, 고백하고, 선포해야 하는지 그 방법을 가르쳐 줍니다.

부정적인 세상에서 살고 있기 때문에 현대인은 뉴스와 광고뿐만 아니라 이제는 누구나 휴대하고 다니는 스마트폰을 통해 24시간 동안 인터넷의 수많은 정보에 노출되어 있습니다. 보이스 피싱이나 해킹을 통해 다른 사람의 통장의 돈을 노리듯이 손가락 한 번만 대면 넘쳐나는 정보가 우리의 마음을 노리고 있습니다. 이런 정보는 읽는 순간 염려와 걱정, 두려움과 부족함, 비판적이고 부정적인 생각의 바이러스에 쉽게 감염되게 합니다. 각 사람의 성장 환경이나 경험도 용서와 화해로 처리되지 않으면 그 사람의 심령 깊은 곳에 쓴 뿌리로 남아 있게 됩니다. 세상을 떠나 사막 가운데 수도원에서 살던 사람들마저도 그 공동체에서 서로 영향을 주고받으며 살 수밖에 없었습니다. 그러므로 우리는 세상에서 살면서, 일상

생활 속에서 "하나님의 입으로부터 나오는 모든 말씀으로 사는 법"을 배워야 합니다. 그렇지 않으면 세상을 변화시키기는커녕 세상을 따라 사는 영적 어린아이 수준으로 살아가게 됩니다.

그래서 주님은 사람은 빵만으로 사는 것이 아니라 "하나님의 입으로부터 나오는 모든 말씀" 즉 "레마"로 사는 존재라고 말씀하셨습니다. "씨 뿌리는 자의 비유"을 통해서도 주님은 각 사람은 자신의 영의 "밭"에 말씀의 "씨앗"을 심어서 열매를 거둔다고 말씀하셨습니다. 사람은 자신의 영heart에 가득한 것을 입으로 말하도록 되어 있는 영적 존재입니다. 각 사람은 자신이 자기 심령에 들어가도록 허락한 것과 자신이 의도적으로 가져다 쌓아 놓은 좋은 것들이 자료가 되어 좋은 생각을 하고, 좋은 말을 하며, 좋은 것을 선택하고, 좋은 인생을 살 수 있도록 마치 컴퓨터처럼 프로그램 된다는 것입니다. 즉 이렇게 깔아 놓은 소프트웨어 즉 프로그램대로 기능하며 살아간다는 말입니다.

독사의 자식들아 너희는 악하니 어떻게 선한 말을 할 수 있느냐 이는 마음에 가득한 것을 입으로 말함이라 선한 사람은 그 쌓은 선에서 선한 것을 내고 악한 사람은 그 쌓은 악에서 악한 것을 내느니라 마 12:34-35
You brood of vipers, how can you who are evil say anything good? For out of the overflow of the heart the mouth speaks. The good man brings good things out of the good stored up in him, and the evil man brings evil things out of the evil stored up in him(NIV).

바이러스 감염을 차단하려고 최고의 정품 소프트웨어 프로그램을 사용하듯이 우리는 "사람의 전통"이라는 바이러스가 감염되지 않은 순수한 하나님의 말씀만을 받아들여야 좋은 열매를 맺을 수 있습니다.

너희의 전통으로 하나님의 말씀을 폐하는도다 마 15:6
Thus have ye made the commandment of God of none effect by your tradition(KJV).

Thus you nullify the word of God for the sake of your tradition(NIV).

뿐만 아니라 항상 조심해야 할 것은 외부로부터 오감을 통해 들어오는 정보를 그냥 받아들이지 말고 반드시 여과하는 과정을 거쳐 좋은 것만 받아들이는 훈련입니다.

모든 지킬 만한 것 중에 더욱 네 마음을 지키라 생명의 근원이 이에서 남이니라 　　　　　　　　　　잠 4:23
Keep your heart with all diligence, For out of it spring the issues of life.

우리의 영은 우리가 지켜야 할 가장 중요한 곳입니다. "부지런히 지키라"는 말은 적의 침투를 막기 위해 보초를 서는 초병의 철저한 경계 태도를 말합니다. 은행이나 중요한 국가 정보기관이 자신을 해커들과 컴퓨터 바이러스로부터 보호하기 위하여 프로

그램을 개발하고 하드웨어는 물론 물리적 보안을 강화하듯이 개인의 심령은 자신이 지켜야만 합니다. 뿐만 아니라 잠언 4장 23절은 사람의 심령은 "생명의 근원the issues of life"으로서 삶의 모든 것이 여기에서 말미암는다고 말합니다. 철저한 방어는 물론 더 적극적으로, 의도적으로, 철저하게 하나님의 말씀을 자신의 영에 입력해야 합니다. 컴퓨터의 정보 처리의 단순한 원리 중의 하나는 "쓰레기를 넣으면 쓰레기가 나온다 Garbage in, garbage out"는 것입니다. 좋은 데이터를 입력해야 그 데이터를 사용하여 생산된 결과도 신뢰할 만하다는 것입니다. 사람의 영·혼·몸은 거대한 컴퓨터와 같이 들어온 것을 바탕으로 내어 보내는 것이 결정됩니다. 다른 말로 하면, 오늘 현재 나의 삶은 지금까지 내 심령 안에 들어간 것에 근거해서 내가 선택한 것의 산물이라는 사실입니다.

신명기 6장은 어떻게 하나님의 말씀으로 사람을 프로그램할 수 있는지를 정확하게 가르쳐 주고 있습니다. 이 방법은 삼천 년이 넘도록 유대인의 삶으로도

입증된 그들의 가정교육 방법입니다. 자녀를 이렇게 철저하게 훈련하여 습관이 되게 하고 개인의 사고방식이 되게 하는 것이 부모의 책임이었습니다.

내가 오늘 당신들에게 명하는 이 말씀을 마음에 새기고, 자녀에게 부지런히 가르치며, 집에 앉아 있을 때나 길을 갈 때나, 누워 있을 때나 일어나 있을 때나, 언제든지 가르치십시오. 또 당신들은 그것을 손에 매어 표로 삼고, 이마에 붙여 기호로 삼으십시오. 집 문설주와 대문에도 써서 붙이십시오.　　신 6:6-9, 새번역

Repeat them again and again to your children. Talk about them when you are at home and when you are on the road, when you are going to bed and when you are getting up. Tie them to your hands and wear them on your forehead as reminders. Write them on the doorposts of your house and on your gates(NLT).

지금도 우리는 인류의 인문학과 과학은 물론 세계

의 경제의 중심에 있는 미국의 재계와 정계에 막대한 영향력을 행사하고 있는 유대인들을 통해 실제로 그 효과를 보고 있습니다. 예술과 디자인, 기술 혁신을 이끄는 창의적인 인재를 양성하는 교육에 관한 최근의 뇌 과학, 심리학, 교육학의 연구도 결국 이 성경 말씀에 기초한 유대인의 교육 방법이 매우 효과적임을 입증하고 있습니다. 더욱이 성품과 능력을 갖춘 탁월한 지도자에 대한 열망은 더욱 성경적인 교육의 중요성을 깨닫게 해 줍니다. 사도 바울도 사랑하는 제자 디모데에게 그가 전심전력해야 할 것이 바로 무엇인지를 가르쳐 주고 있습니다. 이는 우리가 본받아야 할 신약성경의 모델입니다.

이 모든 일에 전심 선력하여 너의 성숙함을 모든 사람에게 나타나게 하라   딤전 4:15

이 일들을 명심(銘心)하고 힘써 행하십시오. 그리하여 그대가 발전하는 모습을 모든 사람에게 나타나게 하십시오.   새번역

Meditate upon these things; give thyself wholly to them; that thy profiting may appear to all(KJV).

Practice these things, immerse yourself in them, so that all may see your progress(ESV).

Give your complete attention to these matters. Throw yourself into your tasks so that everyone will see your progress(NLT).

 바울이 여기서 전념하라고 한 이 모든 일은 13절에서 말하고 있는 "읽는 것과 권하는 것과 가르치는 것"입니다. 혼자 묵상하고 외우는 수준이 아니라 다른 사람에게 권하고 가르치므로 자신이 누리는 복음의 유익을 다른 사람들도 경험하도록 하는 것입니다. 마음에 가득한 것을 입으로 말하는 것은 이렇게 철저하게 자신의 영을 하나님의 말씀으로 먹임으로써 가득하여 흘러나오는 것이 되어야 합니다. 자연스럽게 자신의 사고방식이 되며, 생각의 습관이 되며,

선택의 기준이 되며, 하나님의 말씀만이 자신의 길의 빛이요 발의 등불이 되도록 하는 것입니다.

  사람은 몸의 지체인 내 입으로 말함으로써 내 혼이 듣고 이해하고 기억할 뿐 아니라, 충분히 반복하면 마침내 그 말씀이 내 영에 새겨지도록 되어 있습니다. 그 결과 내 영에 가득한 하나님의 말씀이 내 혼 즉 마음의 생각을 새롭게 변화시키므로 마침내 나의 입에서 나오는 말까지 온전한 말만을 말하게 됩니다.

살리는 것은 영이니 육은 무익하니라 내가 너희에게 이른 말은 영이요 생명이라   요 6:63

사람은 입의 열매로 말미암아 복록에 족하며 그 손이 행하는 대로 자기가 받느니라   잠 12:14

우리가 다 실수가 많으니 만일 말에 실수가 없는 자라면 곧 온전한 사람이라 능히 온 몸도 굴레 씌우리라   약 3:2

환경을 다스리며 승리하는 그리스도인이 갖추어야 할 최고의 습관은 개인적으로 말씀을 공부하고, 영으로 기도하고, 말씀을 고백함으로써 말씀을 내 영에 심고, 지속적으로 말하므로 내 안에 있는 기름부음을 활성화하는 법을 익히는 것입니다. 사도 바울은 빌레몬에게 쓴 편지에서 그 핵심이 그리스도 안에서 선한 것들을 인정하고 시인하며 선포하고 기도하는 것임을 가르쳐 주었습니다.

이는 너의 믿음의 교제가 그리스도 예수 안에서 너희 안에 있는 모든 선한 것을 인식함으로 인하여 효과가 있게 하려 함이라 몬 1:6
That the communication of thy faith may become effectual by the acknowledging of every good thing which is in you in Christ(KJV).

이런 방법을 통하여 마침내 그리스도의 생각이 나의 생각과 말과 습관과 행동이 될 때 주님은 이 상태를 포도나무와 가지의 관계로 말씀하셨습니다.

너희가 내 안에 거하고 내 말이 너희 안에 거하면
무엇이든지 구하라 그리하면 이루리라   요 15:7

  이 고백기도집은 가장 중요한 복음의 핵심을 매일 고백할 수 있도록 엄선하여 실제로 수많은 성도들이 말씀이 말하고 있는 것을 경험하고 있습니다. 이는 성경이 보증하는 가장 좋은 영적습관으로써 모든 그리스도인들이 영광에서 영광으로 자기 안에 있는 그리스도의 영광을 나타내며 살뿐만 아니라, 각자의 최고의 부르심을 이루는 삶을 살도록 이끌어 줄 것입니다.

2014년 1월

김진호 목사

새로운 피조물 미니스트리 대표
예수선교사관학교장

믿음의말씀사 출판물

구입문의 : 031-8005-5483 http://faithbook.kr

■ 케네스 해긴의 「믿음 도서관」 책들
- 새로운 탄생
- 재정 분야의 순종
- 나는 지옥에 갔다 왔습니다
- 하나님의 처방약
- 더 좋은 언약
- 예수의 보배로운 피
- 하나님을 탓하지 마십시오
- 네 주장을 변론하라
- 셀 모임에서 성령인도 받기
- 안수
- 치유를 유지하는 법
- 사랑은 결코 실패하지 않습니다
- 하나님께서 내게 가르쳐 주신 형통의 계시
- 왜 능력 아래 쓰러지는가?
- 다가오는 회복
- 잊어버리는 법을 배우기
- 위대한 세 단어
- 하나님의 은사와 부르심
- 그 이름은 "놀라우신 분"
- 우리에게 속한 것을 알기
- 성령을 받는 성경적인 방법
- 하나님의 영광
- 은혜 안에서의 성장을 방해하는 다섯 가지
- 사랑 가운데 걷는 법
- 바울의 계시: 화해의 복음
- 당신은 당신이 말하는 것을 가질 수 있습니다
- 그리스도 안에서
- 말
- 방언기도의 능력을 풀어 놓으라
- 옳은 사고방식 틀린 사고방식
- 속량 - 가난, 질병, 영적 죽음에서 값 주고 되사다
- 네 염려를 주께 맡겨라
- 예언을 분별하는 일곱 단계
- 절망적인 상황을 반전시키기
- 당신의 믿음을 풀어 놓는 법
- 진짜 믿음
- 믿음이란 무엇인가
- 그리스도께서 지금 하고 계시는 일
- 충분하고도 넘치는 하나님 엘 샤다이
- 금식에 관한 상식
- 하나님의 말씀 : 모든 것을 고치는 치료제
- 가족을 섬기는 법
- 조에
- 당신이 알아야 하는 신유에 관한 일곱 가지 원리
- 여성에 관한 질문들
- 인간의 세 가지 본성
- 몸의 치유와 속죄
- 크게 성장하는 믿음
- 하나님 가족의 특권
- 기도의 기술
- 나는 환상을 믿습니다
- 병을 고치는 하나님의 말씀
- 영적 성장
- 신선한 기름부음
- 믿음이 흔들리고 패배한 것 같을 때 승리를 얻는 법
- 믿음의 선한 싸움을 싸우는 법
- 하나님의 계획과 목적과 추구
- 예수 열린 문
- 믿음의 계단
- 당신을 향한 하나님의 계획
- 역사하는 기도
- 기름부음의 이해
- 내주하시는 성령 임하시는 성령
- 재정적인 번영에 대한 성경적 열쇠들
- 어떻게 하나님의 영으로 인도받을 수 있는가?

- 마이더스 터치
- 치유의 기름부음
- 그리스도의 선물
- 방언
- 믿는 자의 권세(생애기념판)
- 믿음의 양식
- 승리하는 교회

■ E. W. 케년
- 십자가에서 보좌까지 무슨 일이 일어났는가?
- 두 가지 의
- 놀라우신 그 이름 예수
- 하나님 아버지와 그분의 가족
- 나의 신분증
- 두 가지 생명
- 새로운 종류의 사랑
- 그분의 임재 안에서
- 속량의 관점에서 본 성경
- 두 가지 지식
- 피의 언약
- 숨은 사람
- 두 가지 믿음
- 새로운 피조물의 실재

■ 스미스 위글스워스
- 스미스 위글스워스의 천국
- 스미스 위글스워스의 매일묵상
- 위글스워스는 이렇게 했다
- 스미스 위글스워스의 능력의 비밀

■ T. L. 오스본
- 행동하는 신자들
- 기적 – 하나님 사랑의 증거
- 새롭게 시작하는 기적 인생
- 좋은 인생
- 성경적인 치유
- 능력으로 역사하는 메시지
- 100개의 신유 진리

- 24 기도 원리 7 기도 우선순위
- 하나님의 큰 그림
- 긍정적 욕망의 힘
- 당신은 하나님의 최고의 작품입니다

■ 잔 오스틴
- 믿음의 말씀 고백기도집
- 하나님의 사랑의 흐름
- 견고한 진 무너뜨리기
- 초자연적인 흐름을 따르는 법
- 당신의 운명을 바꿀 수 있습니다
- 어떻게 하나님의 능력을 풀어놓을 수 있는가?

■ 크리스 오야킬로메
- 여기서 머물지 말라
- 이제 당신이 거듭났으니
- 당신의 인생을 재창조하라
- 이 마차에 함께 타라
- 그리스도 안에 있는 당신의 권리
- 성령님과 당신
- 성령님이 당신 안에서 행하실 일곱 가지
- 성령님이 당신을 위해 행하실 일곱 가지
- 기적을 받고 유지하는 법
- 하나님께서 당신을 방문하실 때
- 올바른 방식으로 기도하기
- 당신의 믿음을 역사하게 하는 법
- 끝없이 샘솟는 기쁨
- 기름과 겉옷
- 약속의 땅
- 하나님의 일곱 영
- 예언
- 시온의 문
- 하늘에서 온 치유
- 효과적으로 기도하는 법
- 어떤 질병도 없이
- 주제별 말씀의 실재
- 마음의 능력

■ 앤드류 워맥
- 당신은 이미 가졌습니다
- 은혜와 믿음의 균형 안에 사는 삶
- 하나님의 참된 본성
- 하나님은 당신이 건강하기 원하십니다
- 영·혼·몸
- 전쟁은 끝났습니다
- 믿는 자의 권세
- 새로운 당신과 성령님
- 노력 없이 오는 변화
- 하나님의 충만함 안에 거하는 열쇠
- 더 좋은 기도 방법 한 가지
- 재정의 청지기 직분
- 하나님을 제한하지 마라
- 하나님의 뜻을 발견하고 따라가며 성취하라
- 하나님의 참 본성
- 하나님의 최선 안에 사는 법
- 더 큰 은혜 더 큰 은총
- 리더십의 10가지 핵심요소

■ 기타 「믿음의 말씀」 설교자들
- 성령의 삶 능력의 삶
- 복을 취하는 법
- 주는 자에게 복이 되는 선물
- 믿음으로 사는 삶
- 붉은 줄의 기적
- 당신이 말한 대로 얻게 됩니다
- 예수-치유의 길 건강의 능력
- 성령 안의 내 능력
- 존 G. 레이크의 치유
- 믿음과 고백
- 임재 중심 교회
- 성령충만한 그리스도인의 지침서
- 열정과 끈기
- 제자 만들기
- 어떻게 교회를 배가하는가
- 운명
- 모든 사람을 위한 치유
- 회복된 통치권
- 그렇지 않습니다
- 당신의 자녀를 리더로 훈련하라
- 오순절 운동을 일으킨 하나님의 바람
- 주일 예배를 넘어서
- 신약교회를 찾아서
- 내가 올 때까지
- 매일의 불씨
- 여성의 건강한 자아상

■ 김진호 · 최순애
- 왕과 제사장
- 새로운 피조물의 실재
- 믿음의 반석
- 새 언약의 기도
- 새로운 피조물 고백기도집(한글판/한영대조판)
- 성령 인도
- 복음의 신조
- 존중하는 삶
- 성경의 세 가지 접근
- 말씀 묵상과 고백
- 그리스도의 교리
- 영혼 구원
- 새로운 피조물
- 믿음의 말씀 운동의 뿌리
- 1인 기업가 마인드
- 내 양을 치라
- 새사람을 입으라

새로운 피조물 고백기도집

1판 1쇄 발행일 · 2011년 5월 28일
2판 15쇄 발행일 · 2025년 4월 25일

지 은 이 최 순 애
발 행 인 최 순 애
펴 낸 곳 믿음의말씀사
주   소 우)18365 경기도 화성시 만년로 915번길 27 B동
전화번호 (031) 8005-5483 Fax : (031) 8005-5485
홈페이지 http://faithbook.kr
출판등록 제68호 (등록일 2000. 8. 14)

ISBN 89-94901-14-0 03230
값 7,000원

본 저작물의 저작권은 '믿음의 말씀사' 가 소유합니다.
저작권법에 의해 보호를 받는 저작물이므로 무단 전재와 복제를 금합니다.